Ernst Müller

Zur Syntax der Christine de Pisan

Ernst Müller

Zur Syntax der Christine de Pisan

ISBN/EAN: 9783743431171

Hergestellt in Europa, USA, Kanada, Australien, Japan

Cover: Foto ©Thomas Meinert / pixelio.de

Manufactured and distributed by brebook publishing software (www.brebook.com)

Ernst Müller

Zur Syntax der Christine de Pisan

Zur

Syntax der Christine de Pisan.

Inaugural-Dissertation

zur

Erlangung der philosophischen Doctorwürde

welche

nebst beigefügten Thesen

mit

Zustimmung der hohen philosophischen Fakultät

der Universität Greifswald

Freitag, den 17. Dezember 1886

Vormittags 11 Uhr

öffentlich vertheidigen wird

Ernst Müller

aus Gräfenthal.

Opponenten:

Max Kupferschmidt, Dr. phil.
Paul Woelfert, Schulamts-Kandidat.

Greifswald.
Druck von Julius Abel.
1886.

Vorbemerkung.

Für die folgende Untersuchung wurden berücksichtigt:

1. Histoire des fais et bonnes meurs du sage Roy Charles V (Ausgabe von Petitot: Collection des mémoires sur l'histoire de France, Band 5 u. 6), citiert nach Seiten- und Zeilenzahl, z. B. 247, 1.
2. Chemin de long estude, publié pour la première fois p. Rob. Püschel. Berlin 1881, citiert nach Verszahl, z. B. V. 84.
3. Tresor de la cité des dames, imprimé nouvellement à Paris 1536, citiert nach Blattzahl, z. B. Fol. 49.
4. Poesien der Christine de Pisan, abgedruckt in Bartsch's Chrestomathie de l'ancien français, citiert nach Seiten und Verszahl, z. B. 439, 2.

Von einschlägigen Arbeiten wurden benutzt:

List: Syntaktische Studien über Voiture. Altenburg 1880, abgedr. in „Französische Studien" I, 1.

Becker: Syntaktische Studien über die Plejade. Diss. Leipzig 1885.

Haase: Syntaktische Untersuchungen bei Villehardouin und Joinville. Oppeln 1884.

Ebering: Syntaktische Studien zu Froissart. Zeitschrift f. rom. Philol. I.

Stimming: Syntax des Commines. Ztschr. f. rom. Philol. I.

Benoist: De la syntaxe française entre Palsgrave et Vaugelas. Paris 1876.

Gessner: Zur Lehre vom französischen Pronomen. Berlin 1885, 2te Auflage.

Tobler: Vermischte Beiträge zur fr. Grammatik. Berlin 1886.

Gellrich: Remarques sur l'emploi de l'article en vieux français. Diss. Leipzig 1881.

Darmesteter: Le XVI. siècle en France.

Chassang: Nouvelle grammaire française, X. édition. Paris 1885.

Jahn: Ueber das Geschlecht der Substantiva bei Froissart. Halle 1882.

Mätzner: Syntax der neufranz. Sprache. Berlin 1885.

Diez: Grammatik der roman. Sprachen. 3. Aufl. 1870—72.

Lücking: Französische Grammatik. Berlin 1880.

Plattner: Französische Schulgrammatik. Bielefeld 1883.

Ayer: Grammaire comparée de la langue française, 1884.

Knösel: Das altfranz. Zahlwort. Erlangen 1884.

Perle: Die Negation im Altfranzösischen. Ztschr. f. roman. Philol. II, 1 und 407 etc.

Arch. = Herrigs Archiv.

Lüdeking: Zur Geschichte der Negation in der französischen Sprache. Wiesbaden 1861.
Weber: Ueber den Gebrauch von laissier, devoir, pooir und savoir im Altfr. Diss. Berlin 1879.
Bischoff: Der Konjunctiv bei Chrestien. Halle 1882.
Quiehl: Der Gebrauch des Konjunctivs in den ältesten franz. Sprachdenkmälern bis z. Rolandsliede einschliesslich. 1881.
Nissen: Der Nominativ der verbundenen Personalpronomina in d. ältesten franz. Sprachdenkmälern. Greifswald 1882.
Horning: Le pronom neutre „il". Rom. Stud. IV, 227 ff.
Busse: Die Kongruenz des Participii Praeteriti. Göttingen 1882.
Bastin: Le Participe passé dans la langue française et son histoire. St. Pétersbourg 1880.
Mercier: Histoire des Participes français. Paris 1879.
Lachmund: Ueber den Gebrauch des reinen und präpositionellen Infinitivs im Altfr. Schwerin 1877.
Hammesfahr: Zur Komparation. Strassburg 1881.

Herrn

Professor Dr. Eduard Koschwitz

hochachtungsvoll und dankbar

gewidmet.

I. Substantiv.

a) Geschlecht.

In den Schriften der Christine de Pisan stossen wir auf eine Anzahl von Substantiven, deren Geschlecht von demjenigen des modernen Französisch abweicht.

affaire (masc.) nach der Ableitung von *faire* und der Praeposition *à* wird ebenso noch im 17. Jahrh. gebraucht (Darmest. § 136 p. 251; Becker p. 5) z. B.

V. 1572 *un pou fremi en cel affaire.*

V. 2471 *quant elle sent qu'il appartient d'aucun affaire ou parler ou jugement faire.*

amour (fem.) war in der älteren Sprache nur weiblich, erst im 16. Jahrh. treten beide Geschlechter ein, welche sich bis auf den heutigen Tag erhalten haben (Chassang § 181; Darmest. p. 246); cf. V. 135 *car la grant amour ne laisse....* 298, 14 *sans la quelle aucune amour d'estrange ou privé ne se puet bonnement acquérir.*

archidiaconé (fem.) 35, 19 *et oy que le chancelier, lequel estoit le cardinal de Beauvais, luy prioit qu'il voulsist escripre au Pape pour une archidiaconé pour un de ses nepreus.*

art (fem.) 385, 11 *la quelle chose, comme dit est, ne s'adrece mie du tout aux maistres d'icelle art.*

conté (fem.) meist weiblich im 16. und auch noch im 17. Jahrh. (Darmest. p. 247): 338, 20 *et autrefois, Bertram du Clequin, luy donna la conté de Longueville.*

duché (fem.) vergl. *conté*. 341, 3 *sire d'Alebreth, qui sa terre tenoit du roy d'Angleterre, assise en la duchié de Guienne.* 342, 9 *toute la duchié.*

erreur (masc.); gleichfalls männlich im 16. Jahrhundert, während es von Maupas (in seiner Grammaire et syntaxe française, Bloys 1625) als ein Substantiv mit doppeltem Geschlechte aufgeführt wird. 130, 30 *dont, cest erreur, disoit Aristote, sourdoit des erreurs des poetes.*

évangile (fem.) wird noch im 17. Jahrh. als Femininum angetroffen. Beispiele sind bei Littré angeführt und bei Darmest. p. 248. 113, 3 *leur fist jurer sur sainctes evangiles de Dieu et par tous les sermens dont bon Crestien doit estre creu.*

gent (fem.) sowohl im Singular als auch im Plural. Erst im 17. Jahrh. sind die Fälle entschieden worden, welche für *gens* als Plural = *les hommes* hinsichtlich der Geschlechtsbestimmung noch im Neufr. gelten (Darmest. p. 248; Chassang § 181, 8). V. 6202 *mais sagement convient viser en quel contree et ou il ait gent plus lettree.* 292, 7 *redut avoir grant gloire, quand il vainquy Mithodate, lui et sa gent pleins de force et puissance.* 389, 28. 367, 2. V. 558. V. 2107 *et sces tu, comment sont nommées ces gens cy? Elles sont clamees influences et destinees.*

horloge (masc.) wurde von den Gaskognern, Provenzalen und Normannen als Femininum gebraucht; desgl. von Froissart (Jahn p. 28) und *Ménage* (Darmest. p. 249). 276, 14 *et par ceste prudent mesure trouver, est à presumer, qu'encore n'estogent orloges communs.*

jour anscheinend weiblich in der Wendung *toute jour*, findet sich schon im Rolandsliede und lässt sich bis ins 16. Jahrh. hinein verfolgen (Gellrich p. 70). Nach Toblers Erklärung (vergl. Recension von Suchiers Ausgabe von Aucassin et Nicolete Zschr. f. rom. Philol. II p. 628) heisst *toute jour* nicht jeden Tag, sondern den ganzen Tag; er leitet es ab von *totum ad diurnum* und scheint ihm das *e* von *toute* nicht die weibliche Bildung, sondern das *a* von *ad* zu sein. Bei Christine kommt es nur an einer Stelle vor 101, 8 *toute jour et la nuit, demoura le corps au cuer de l'esglise.*

mensonge (fem.) wie bei Froissart (Jahn p. 10), ebenso im 16. Jahrh. und auch noch im 17. Jahrh. (Maupas: Grammaire française 1625, Darmest. p. 249). 309, 9 *car, si comme soit chose très aduisant à prince, et le contraire, plus qu'à autre gent grant vitupere, mençonge aucune ne fust oye yssir de sa buche, ne faulse promesse.*

minuit (fem.) war in der älteren Sprache männlich und weiblich; jetzt ist es nur noch männlich (Darmest. p. 249). V. 305 *mais il fu temps d'aler couchier, car ja estoit minuit passee.*

parenté (masc.); 20, 28 *aussi dit: que honneur doit estre portée au prince, de tous ses subgiez pour révérance de luy, aussi à sa femme, enfans et tout son parenté.*

portion (masc.); 330, 3 *un autre porcion du peuple fu par luy commis au labour et coultivement de terres pour la nourriture et soustenance de corps humain.*

rets = lat. *rete* (fem.), ebenso im 16. Jahrh. (Darmest. p. 250). 32, 13 *un pescheur peschoit en la mer, et comme un homme eust acheté la primiere prise, le pescheur prist en sa rez une table d'or.*

ymage (masc.); ebenso im 16. Jahrh. (Becker p. 6); bei Froissart kommt es männlich und weiblich vor (Jahn p. 18). V. 1208 *y vi ..... maint bel et maint estrange ymage merveillable.*

Von Substantiven mit doppeltem Geschlechte erwähnen wir:

epistre V. 5183 *Saint Ambroise en un sien epistre ....* 5627 *el dit Seneque en un epistre;* 5633 *ou tiers epistre encor recorde;* 5647; dagegen weiblich 5840 *à Aristote le tramist a tout une epistre, ou il mist que .....* 122, 13 *mais à ce, dit Seneque, en la quarantieme epistre à Lucille.*

exemple weiblichen Geschlechts auch noch im 16. Jahrh. (Darmest. p. 248), so bei Christine V. 4325 *et raconte telles exemples comment oncques l'ost de Brennus vaincu estre ne pot de nuls;* männlich dagegen in 4357 *un exemple Valere donne d'un chevalier dont il raisonne.*

estude wird heute nur noch weiblich gebraucht; im 16. Jahrh. kommt es nur im männlichen Geschlechte vor (Darmest. p. 247; Becker p. 5); im 17. Jahrh. wurde es von Malherbe und nachher von Chifflet als Femininum betrachtet, wenn es Studierzimmer bezeichnete, und als Masculinum, wenn es den Sinn von Studium hatte.

V. 173 *je m'estoie a par moy mise en une estude petite.* 9, 3 *aussi, avec persévérance de la digne estude;* männlich V. 1142 *qui a long estude ot la dent.* V. 1161 *moult m'avez fait grant courtoisie, qui a long estude menee m'avez.* V. 2021 *mais trop pou povoie comprendre leur grandeur pour tout mon estude.* V. 1136. 1392.

host wird in der älteren Sprache meist als Femininum gebraucht. 331, 4 *et establi qui devait aler devant et qui après, l'ordre et manier d'arrengier un host en divers advis.* 400, 8 *quant un host a avisié place;* dagegen weiblich 382, 28 *et comme celle response fust tantost espondue en toutes les deux ostz.* 331, 22 *avisa le prince à eslire un supérieur, le plus esprouvé sage et expert en ordre d'armes, qui eust la charge et administracion de toutes les ostz.*

main 82, 12 *et le Roy costé lui, qui tenoit le Roy des Rommains par le main* (*le* pikardischer Artikel für *la*). 346, 1 *et avec ce, luy remaint de la dicte maladie la main destre si enflée que* . . . Als Masculinum findet sich *main* im Französischen nur selten; für Froissart hat Jahn p. 33 ein Beispiel mit männlichem Geschlechte nachgewiesen.

honnour V. 689 *si vous merci de cest honnour.* 363, 6 *selons leur dégrez et les instituées honneurs de France.* 364, 4 *à tres haulte honneur.*

maniere 423, 19 *et par ceste maniere, maintefoiz, en tel cas, on a usé.* 367. 12 *en telle maniere.*

memoire V. 497 *après toy par longue mémoire;* männlich in V. 498 *et pour le bien de ton memoire.*

meurs erscheint im 16. Jahrh. noch in beiden Geschlechtern (Becker p. 6). 272, 12 *pourpensa comment et par quel maniere pourroit actraire et aluchier meurs virtueux.* 287, 1 *avoit un preudomme en estant au bout de la table, qui sans cesser, disoit gestes de meurs virtueux d'aucuns bons trespassez.* 365, 10 *meurs chevalereux,* aber 308, 12 *les parolles maulvaises corrumpent les bonnes meurs.* Hinsichtlich des Geschlechts von *meurs* bei Christine de Pisan lässt sich aus den angeführten Beispielen die Regel ableiten: *meurs* ist männlich, wenn das begleitende Adjektiv nachsteht, weiblich, wenn dasselbe vorangeht.

office weiblich noch im 16. Jahrh. (Darmest. p. 249). 35, 2 *par un autre moyen fist requérir au Roy le dit office.* 35, 31 *si luy mandoit le Roy que à ces enseignes, il luy saelast sa lettre et que il fust mist en saisine du dit office;* dagegen das weibliche Geschlecht in 382, 8 *nul ne doit estre esleu à tel charge, s'il n'est expert, prompt et apte à toute office de chevalerie.*

oeuvre war in der älteren Sprache nach seiner lateinischen Ableitung von *opera* immer weiblich; im 16. Jahrh. wurde es meist als Masculinum gebraucht (Darmest. p. 249). 267, 26 *et comme dit le philosophe, la fin qui est le terme de tout oeuvre, rend* .... 382, 8 *tout oeuvre*. 14, 6 *peut estre qu'ils ne scevent pas les condicions et toutes les circonstances des fais et oeuvres humains;* weiblich 325, 4 *me convient faire douleureuse introyte et commencement à la deuxieme partie de ceste oeuvre présente.* 316, 3 *sa primiere oeuvre, dèsqu'il estoit levez, estoit de servir Dieu.*

ordre galt im 16. Jahrh. noch als Femininum und hat sich auch noch im 17. Jahrh. als solches im Sinne von *saintes ordres* erhalten (Darmest. p. 250). 336, 9 *et c'est chose manifeste, si comme on voit les batailles où ordre est roupt.* 336, 6 *car là où ordre n'y est gardée, c'est une chose desroupte.*

II. Der bestimmte Artikel.

Die Ländernamen, welche im Neufranzösischen den bestimmten Artikel verlangen, kommen im Altfranzösischen noch vielfach ohne denselben vor; erst in der zweiten Hälfte des 16. Jahrh. wird derselbe gebräuchlich (Darmest. § 142). Abgesehen von *de* und *en*, nach welchen stets Auslassung des Artikels stattfindet, ist der Artikel nur in einem einzigen Falle gesetzt. 87, 27 *et lectres expresses comment les rois d'Angleterre ont renoncié à toutes les terres de Normandie, d'Anjou, du Maine et de Touraine et de Poitiers;* in allen übrigen Fällen fehlt der Artikel.

V. 9 *A vous, bon roy de France redoutable,*
Le VIe Charles du nom notable,
Que Dieux maintiegne en joie et en santé,
Mon petit dit soit premier presenté.
V. 600 *Puis en Ytalie l'avojay.* V. 605. 1250. 1403. 1407. 1457. 1477. 3111. 3209. 3214. 3620. 3675. 3678. 6207. 6291.
V. 18 *Par quel honneur fait los a France a querre.*
V. 1437 *Et puis le fleuve de Gion*
Court par Ethiope et Egypte,
Armenie grant et petite.
V. 3764 *Le roy Ninus qui tant acquist*
Jadis que toute Asie conquist.
V. 1397. 1433. 1437. 1438. 1440. 1442. 3568. 3575. 3623. 3628. 3631. 3632. 3764. 252, 21. 343, 7. 375, 10. 376, 25. 89, 22 etc.

Tritt ein Adjectiv zu dem Ländernamen, so steht der Artikel. V. 510 *Que l'en nomme la grant Champaigne.* V. 3781 *Conquist Mede et Perse la grant, la grant Babiloine* . . . . .
V. 5534 *Les charnalitez tellement*
L'enveloperent en la grant
Champaigne que . . .

Auch die Völkernamen konnten im Altfranzösischen den Artikel entbehren (Gellr. p. 8. 13; Mätzner I, 425). Bei Joinville und Froissart (Haase p. 43) gehören Stellen, wo der Artikel fehlt, schon zu den Ausnahmen, wogegen bei Commines derselbe noch vielfach ausfällt. Bei Christine de Pisan ist er in der Poesie mit Ausnahme von V. 1558
Si com noire ont pour la chalour
Ethiopiens la coulour
immer gesetzt; in Prosa fehlt er 17 Mal und 80 Mal findet Anwendung des Artikels statt.

V. 3614 *Des Troyens vinrent les Français.* V. 3565 *Et les Troyens qui de Sicambre* . . . . 307, 8 *Et à l'exemple des Lacédémoniens* . . . .
V. 3917. 4482. 4496. 5020. 5397. 266, 1. 342, 25. 354, 21

etc.; dagegen 338, 2 *mais, comme Français fussent de ce avisez, s'assemblent hastivement*. . . . 340, 5 *par lequel ayde fu remis Pietre en son royaume et François desconfis* . . . . 349, 14. 353, 26. 354, 4. 355, 6. 360, 5. 392, 15. 392, 24. 396, 25. 397, 6, 22. 406, 3. 412, 2. 425, 13. 428, 14. 109, 2.

Die Namen der Flüsse konnten im Altfranzösischen gleichfalls den Artikel missen; selbst noch im 17. Jahrh. finden sich Beispiele von Auslassung (Chassang. p. 223), wenngleich Commines schon den modernen Sprachgebrauch zeigt. Bei Christine de Pisan findet sich mit dem Artikel nur *Nil* in V. 1321 *Vi le Nil qui croist et descroist*, im übrigen fehlt derselbe. V. 1439 *Tygris ne tient mendre pais.*

V. 1441 *Ne Euffrates mains ne possede.* 337, 26 *et se partirent tenant leur chemin vers Vernon, où cuidoyent passer Seine.* 93, 10 *fu mis en sa lictiere et porté à Beaulté sur Marne.* 96, 28; die Umschreibung *le fleure de, la riviere de* findet sich V. 1324. 1432. 1436. 16, 10. 16, 19. 349, 10.

Die Namen der Berge entbehren in der älteren Sprache vielfach des Artikels (Gellrich p. 15. 45); noch im 16. Jahrh. fällt derselbe aus (Gellrich p. 65). Bei Christine ohne Artikel V. 978
   La montaigne que vois lassus
   Est appellee Pernasus.
V. 1452 *Ma maistresse me voult monstrer*
   Olimpia tres a l'entrer
   De Macedoine.
V. 1456 *La grant montaigne d'Athalas*
   Nous passasmes en Ethiope.
Mit dem Artikel nur *les Alpes* 350, 2.

Die Namen der Himmelsgegenden haben im Neufr. den Artikel; im Altfr. ist derselbe bis ins 15. Jahrh. ungebräuchlich (Gellr. p. 16. 56). V. 1284 *vers orient.* V. 1355. 2265. 2315. 2381. 2765.

V. 1689 *d'orient jusqu'en occident.* V. 1873 *d'occident en orient.* V. 1909 *entre orient et occident.* V. 2345 *devers midi* 2779. V. 3294 *en occident.*

Was die Monatsnamen anlangt, so werden diese im Altfranz. bald mit Artikel, bald ohne Artikel gebraucht. Bei Christine findet nie Anwendung des Artikels statt. V. 704 *en octobre.* 247, 16 *le premier jour de janvier.* 363, 23 *le dimenche tiers jours de décembre.* 366, 8 *le jeudy, jour vingt septiésme de novembre.* 326, 17. 826, 27. 65, 13. 66, 28. 110, 3. 110, 9. 137, 5. Die Umschreibung mit mois findet sich 325, 11. 382, 14. 403, 13. 102, 18. V. 721.

Steht ein Adjektiv bei den Monatsnamen, so tritt der Artikel ein. V. 724
Lors m'est droitement souvenu
Que le doulz may fust revenu.

Die Wochentage werden fast immer mit dem Artikel gebraucht. 363, 23 *le dimenche tiers jours de décembre.* 382, 13 *le mercredi second jour du mois d'octobre.* 366, 8. 65, 12. 66, 27. 68, 11. 69, 7. 93, 1. 94, 11. 96, 1. 100, 6. 102, 7.

Auslassung des Artikels findet nur in 2 Fällen statt 67, 19 *vendredi premier jour de janvier.*

86, 15 *lequel jour fu vendredy huitieme de janvier,* wenngleich der Tag näher angegeben ist (vergl. Haase p. 44).

Die Feste haben in der älteren Sprache bisweilen den Artikel, können denselben aber auch entbehren (Gellrich p. 42. 50). Die von Gellr. p. 42 aufgestellte Regel, dass der Artikel vor dem Namen des Festes wegfällt, wenn demselben eine Praeposition vorangeht, ist von Haase p. 45 widerlegt worden. Bei Christine kommen folgende Namen mit Artikel vor: 114, 19 *le karesme ensuivant.* 363, 25 *le premier jour de l'Advent.* 316, 22 *jour du grant vendredi au peuple monstroit la vraye croix.* 257, 21 *le jour de la Trinité.* 80, 17 *Lendemain, jour de la Tiphaine;* ebenso 84, 22, 79, 7 *la veille de la Tiphaine.* Ohne Artikel: 65, 12 *le mardi devant Noel;* desgleichen 66, 8 *la feste de Noel;* 102, 21 *avant Pasques.*

Die Jahreszeiten finden sich bei Christine meist in der Umschreibung z. B. V. 766 *temps d'iver;* 360, 7 *ainssi en une saison d'été, y fist moult grant et honorable conqueste.* 416, 12 *en temps d'ésté;* desgl. 416, 15. 416, 17. 419, 16. Nach den Praepositionen *en* und *pour* fällt der Artikel aus. 268,3 *en yver.* 280, 5; 303, 20 *pour yver;* desgl. V. 4769. 312, 17 *en printemps.* Mit dem Artikel findet sich nur *esté* 392, 13 *l'esté devant;* dagegen ohne Artikel 268, 9 *et printemps approche;* 268, 19 *aprés ensuit automne.*

Die Tageszeiten sind in der ältesten Sprache mit dem Artikel verbunden (Gellr. p. 9. 18); nach Präpositionen fiel derselbe bisweilen aus. Bei Christine kommt nur *nuit* mit dem Artikel vor V. 5887 *la nuit a l'estude veillier;* ohne Artikel V. 196 *Et ja estoit nuit serree.* V. 1922 *et nuit est venu.* V. 4712 *quant nuit venait* ebenso *minuit.* V. 305 *car ja estoit minuit passee.* 314, 21 *se lievent à midnuit.*

Die Personennamen haben im Neufr. keinen Artikel; dasselbe gilt vom Altfranzösischen. Einige Ausnahmen werden von Gellr. angeführt; so z. B. p. 8 *lo Lazer;* p. 38 aus Villehardouin *li Vernas;* aus Joinville *li Aubigoiz, li Goulu, la Magdelleine* (Erkl. Haase p. 42). In *La Magdelleine* ist der Artikel bereits von H. Estienne erklärt worden; auch jetzt noch sagt man *la Madeleine* (biblische Magdalena). Vergl. Plattner § 274, 4. Mit dem Artikel kommt bei Christine nur vor V. 1329 *Tout ait il guerre au Tamburlan*
    Qui le destruira, ce dit l'en.
dagegen ohne Artikel V. 347
    Et meisme entre les sarrazins
    Le basac contre Tamburlan ...

Eigennamen mit unterscheidendem Zusatz erhalten im Neufranz. den Artikel; ebenso ist es im Altfranz. (Gellr. p. 18. 31. 43. 51. 69); z. B. 266, 4 *Exerces, le roy de Perse.* V. 3233 *Hector de Troye le fort.* V. 4478 *Scipion l'Affriquant.* 302, 29 *Denis le Tirant.* Der Artikel ist im Altfranz. selbst dann gesetzt, wenn es sich um keine unterscheidende Bezeichnung handelt, z. B. V. 2370 *Ou fu Mars, le dieu de bataille.*

Wenngleich die dem Eigennamen nachgestellte Apposition meist den Artikel bei sich hat, so findet doch bisweilen Weglassung desselben statt z. B. V. 5244 *Saturnus dieu.*

V. 5832 *Phelippes roy.* V. 1065 *Ovide et Oraces satire.* V. 1466 *Samuel prophete.*

Der Artikel kann selbst dann fehlen, wenn es sich um einen unterscheidenden Zusatz handelt, z. B. 353, 10 *Marguerite, fille et héritiere du conte de Flandres.* 314, 21 *Phelippe, filz au roy Louis le Débonnaire.* Gellr. p. 69 führt Beispiele hierfür noch aus dem 16. Jahrh. an.

dieu als Gott der Christen wird im Altfr. als Eigenname ohne Artikel gebraucht (Gellr. p. 9); so auch in unseren Texten

V. 3 *Par la grace de Dieu royauté digne.*

V. 6 *de Dieu saintifié.* 316,4 *sa primiere oeuvre estoit de servir Dieu.* desgl. V. 904. 1665. 1711. 1718. 2464. 2468. 5267. Dagegen mit Artikel V. 568 *Pour au dieu don requerre,* desgl. V. 575. 4137.

Ist *dieu* von einem Adjektiv begleitet, so steht gewöhnlich der Artikel (Gellr. p. 55). Bei Christine ist er 2 mal gesetzt 267, 4 *c'est Dieu le glorieux;* 9, 15; dem steht entgegen V. 439 *Dieu celestre.* 324, 17 *Dieu omnipotent.* 366,20 *Dieu tout puissant.*

dieu wird als Appellativname angesehen und mit dem Artikel verbunden, wenn es dazu dient die Gottheiten der Heiden zu bezeichnen (Gellr. p. 16); so auch in unseren Denkmälern.

32, 15 *alerent demander au dieu Apollo.* 37, 9 *envoyerent savoir au dieu Apollo.* 48,20. 382,24. 303, 12 *pour ce prye aux dieux qu'ils te donnent longue vie.* 303, 7. 303, 14. 303, 29. V. 5383. 5841. 6153.

Die Substantiva *Christ* und *Antichrist* werden in der ältesten Sprache als Eigennamen ohne Artikel gebraucht; im 15. Jahrh. treten sie mit demselben auf und werden deshalb als Gattungsnamen behandelt (Gellr. p. 55). Bei Christine kommen sie noch ohne Artikel vor V. 1469 ... *quant Antichrist Vendra contre la loy de Christ.*

Christ kommt öfters in Verbindnug mit *Jesus* vor und erscheint bald in einem Worte, bald in zweien; überall aber fällt der Artikel aus.

V. 4603 *A ce propos Jhesuscrist dit.* 111, 26 *affinque toute crestienté fust soubz un vicaire de Jhésu-Crist.* 302, 8. 314, 14. 318, 1, 7.

Lucifer und *satanas* werden im 15. Jahrh. als Eigennamen behandelt (Gellr. p. 55), so auch bei Christine.

300, 14 *en la possession Lucifer.*

In dem Ausdrucke *saint esprit* konnte in der älteren Sprache der Artikel fehlen; mit dem 15. Jahrh. tritt derselbe ein (Gellr. p. 55).

V. 2479 *l'affluence du saint esperit.* 117, 20 *la voye du Saint esperit;* ohne Artikel nur in 145,25
Pere et filz et saint Esperit.

paradis und *enfer* konnten im Altfr. bis ins 16. Jahrh. hinein den Artikel missen (Gellr. p. 67. 68; Haase p. 15 Syntax zu Rob. Garnier); erst Ronsard scheint den modernen Sprachgebrauch anzubahnen. Bei Christine tritt es ohne Artikel auf V. 22 *et paradis a la fin ottroié.* V. 1561 *Paradis est dedens enclos.* V. 443. 762. 882. 1430. 1538. 2459. 4610.

V. 613 *En enfer luy monstray son pere.* V. 921. 1145. 4619; mit dem Artikel in Begleitung eines Attributs

V. 5223 *C'est le paradis de delices.* V. 683 *Monstrer enfer le douleureux.*

soleil, lune und *ciel* stehen im Altfranz. meist mit dem Artikel (Gellr. p. 9), so auch in unseren Texten:

V. 838 *cuntre le soleil.* V. 963 *contre l'ardure du souleil.* 1396; V. 1965 *devant le souleil.* V. 2656 *Voult le char du souleil mener.* V. 2499. 3107. 315,3; ohne Artikel

V. 2287 *un ray yssoit de son visage*
 Luissant et cler plus que souleil.
V. 704 *Pour le vent qui plus grieve à l'ueil*
 En octobre que grant souleil. 412, 23.
V. 1834 *M'aprist et de souleil et lune*
 Les mouvements. — — —

V. 331 *dessoubz le ciel tout maine guerre.* V. 429. 436. 94,22 *l'espere du ciel.* V. 1822 *et par le tour du ciel menus.* desgl. V. 892. 900. 1448. 1460.

Bei *ciel* fällt der Artikel aus nach *sus* (Gellr. p. 16), sowie in gegensätzlicher Zusammenstellung, wo auch im Neufranz. der Artikel entbehrlich sein kann.

V. 1954 *pour ciel et terre enluminer.* 300, 15 *ciel ne terre ne pot soustenir* — — — — V. 1961 *car le cercle ou la lune passe.*
V. 2266 *devers orient en fu l'une*
Plus resplendissant que la lune.
Ohne Artikel V. 1834. 2101.

terre und *mer* kommen bei Christine meist mit Praepositionen, bald mit, bald ohne Artikel vor, z. B. V. 339 *sus terre*, ebenso V. 2220. 3040. 3048. 318, 15; dagegen *sus la terre* V. 332 und 417, 2; V. 440 *en terre*, desgl. V. 2886. 3275. 318, 10; 416, 24 *soubz terre.* V. 416, 29; V. 567 *vers la terre.*

in gegensätzlicher Zusammenstellung V. 405 *l'air et la terre*, ebenso V. 409.

mer V. 937 *en mer.* V. 2733; dagegen 31, 12 *en la mer;* V. 1180 *outre mer.* 1731; V. 2354 *par terre et par mer*, ebenso 402, 23; V. 393 *dedans la mer.* 1290. V. 1300 *selon la mer;* ohne Praeposition und ohne Artikel V. 3004 ... *que de mer l'onde.* V. 3924 *Ne de mer ja n'y passast onde nul.*

Le Louvre der Name des Schlosses in Paris ist bei Gellr. p. 49 stets mit dem Artikel verbunden. Bei Christine ist er meistens gesetzt; z. B. 248, 3 *au chastel du Louvre.* 25, 17. 77, 29. 84, 23. 85, 2. 86, 12. 115, 7. Dagegen ohne Artikel 2 mal 68, 9 *Quant vint à Louvres* und 68, 12 *se parti de Louvres.*

Eglise mit vorangehendem *sainte* wird als Eigenname behandelt und steht darum ohne Artikel (Gellr. p. 42. 50), so auch bei Christine; bei Joinville kommt es auch mit dem Artikel vor (Haase p. 42); 108, 20 *il estoit prest pour l'amour de Dieu et du bien de saincte Esglise de les aydier et conforter.* 111, 24 *pour l'onneur de Dieu et de saincte Esglise.* 402, 25 *par le moyen de notables plans de saincte Esglise.*

Die Abstrakta verlangen im Neufr. im Gegensatz zum Altfranz. stets den Artikel, im 16. Jahrh. war Auslassung des Artikels ganz gewöhnlich (Becker p. 8; Hemme: Ueber die Anwendung des Artikels in der franz. Sprache, Göttingen 1869), und selbst noch aus dem 17. Jahrh. lassen sich Beispiele mit vernachlässigtem Artikel anführen. (Vergl. Ztschr. für nfrz. Spr. u. Litt. IV, 97.)

4, 5 *art, providence, entendement, science et sapience sont les suppos de parfaicte sagece.* 4, 22 *car prudence adrece aux accions qui . . .* 4, 27 *mais art adrece.* 22, 15 *arismétique qui est science . . . .* 335, 19 *ordre de chevalerie de pluseurs ensemble, doit autresi estre comme . . .* 4, 17 *car l'entendement est habit des principes primiers des démonstrances; science est abit des conclusions par les causes plus basses.* 264, 10 *haine et despit ne s'engendre.*

Das Pronomen indefinitum, welches im Neufranz. in der Bedeutung „all, ganz" den bestimmten Artikel nach sich verlangt, konnte im Altfranz. und noch im 17. Jahrh. den Artikel entbehren (Gellr. p. 36. 71; Neufr. Ztschr. IV, 100). Bei Villehardouin ist der Artikel öfters als bei Joinville ausgelassen, bei welchem schon der moderne Gebrauch vorwiegt (Haase p. 39); was Christine anlangt, so ist der Artikel fast ebenso oft vernachlässigt, als dessen Anwendung stattfindet. Beispiele mit Artikel im Singular: 22, 2 *tout le contenu de ce livre.* 64, 5 *toute l'onneur qu'il . . .* 266, 9 *depuis fu cestuy Themiscodes le patron et soustenail de tout le pays;* dagegen ohne Artikel 111, 25 *affinque toute crestienté fust soubz un vicaire de Jésu-Crist.* 275, 7 *lors tesmoignast par toute crestienté la souffisance de mon pere.*

Anwendung des Artikels im Plural 4, 21 *de toutes les sciences.* 5, 11 *entre toutes les ars et toutes les sciences.* 27, 11. 119, 2. 12, 20 *à tous les barons.* 20, 5 *en tous les estats.* 21, 2 *toutes les causes.* 22, 12 *toutes en savoit les rigles.* 133, 2. 272, 22. 274, 6. 312, 2. 317, 2. V. 2796 etc.

Es fehlt der Artikel in 11, 13 *tous hommes.* 16, 4 *tous vivres.* 19, 16 *vers toutes gens.* 2, 20 *par tous pays.* 101, 30 *de toutes choses qui appartiennent . . .* 2, 27 *toutes terres.* 11, 5. 121, 3. 5. 274, 20. 283, 9. 121, 12. 128, 10. 275, 15. 283, 11 etc. ferner in einzelnen Formen, wo auch im Neufr. der Artikel

fehlt (Lücking § 264 Anmerk.), z. B. 283, 12 *de toutes pars.*
427, 19 *en toutes pars.* 277, 28 *toutes manieres de gens.* 451, 1
278, 20. 279, 5.
sowie in dem Ausdrucke *tous jours* immer 253, 1. 303, 2.
322, 26.

andui oder *ambedui* (vergl. Knösel p. 20), aus dem Lat. *ambo* und *duo* entstanden, welches heutzutage nicht mehr in Anwendung ist, konnte in der älteren Sprache den Artikel haben (Diez III, 41; Gellr. p. 33). Bei Villehardouin fehlt der Artikel (Haase p. 39). Joinville hat diesen Ausdruck nicht mehr (Haase p. 39), und in unseren Texten lässt er sich noch durch 2 Stellen belegen; mit Artikel 392, 25 *où il ot pertes et gaignes, souventefoiz d'ambe les deux parties;* dagegen ohne Artikel V. 3911 *mais d'ambe deux pars les marchans souvent rent dolens et meschans.*

Das Pronomen indefinitum *on* findet sich im Altfr. bisweilen mit, bisweilen ohne Artikel (Gellrich p. 58. 72; List p. 2; Mätzner I, 436). Des Wohllautes wegen setzt das Neufr. *l'on* namentlich nach *et, on, si, où* und häufig nach *que, quoi,* jedoch nicht, wenn das folgende Wort mit *l* beginnt (Ayer p. 211; Lücking § 125). Vaugelas hat zum ersten Male eine bestimmte Regel über die Anwendung des Artikels bei *on* gegeben, diese wurde aber von der Akademie 1704 verworfen (Chassang § 261). Ohne Artikel finden wir *on* bei Christine 336, 11 *que on dit ordre de chevalerie.* 417, 2 *la terre que on trait hors on la· doit si mucier que* ... 420, 30 *si on a paour;* dagegen: 17, 17 *se l'on demande quelle chose est ville.* 24, 7. 417, 10, 417, 11. Mit dem Artikel 415, 20 *quant l'on assault aucun chastel* 415, 21. 417, 13 *combien pesant l'en y pourra mectre.* 417, 22. 14, 11 *car, se l'en accoustumoit à establir de nouvelles lois.* 44, 17. 17, 10. 32, 6. 36, 25.

L'on findet sich bei Christine häufig am Anfange eines Satzes z. B. 30, 18 *L'en trueve en certaines croniques.* 417, 22 *l'en fait un engin de merrien que l'en appelle mouton.* 418, 27; dagegen 416, 23 *on doit commencier l'assault par trait;* auch das Neufr. bedient sich bisweilen *l'on* am Anfange des Satzes

(Lücking § 125 I, 2), sehr häufig war dies im 17. Jahrh. der Fall (Chassang § 261).

Bei invertiertem Subjekte wechselte *on* neben *l'on* ab, während im 16. Jahrh. hierbei vorzugsweise *l'on* gebraucht wurde (Gellr. p. 73). Wir treffen an *on* immer nach gebundenem *t*. 416, 13 *en temps d'esté doit on assiéger les chasteaulx*. 417, 5 *puis doit on mectre du feurre et du bois en la mine*. 418, 10 *et cel engin fait on de bons ays*. 418, 6; dagegen *l'on* immer nach einem Vokal 417, 12 *car par ce tison, pourra l'en savoir comment l'engin gecte*. 418, 4 *et le lieve l'en à chayennes et cordes*. 418, 12 *et le cueuvre l'en de cuir cru*. 418, 15.

Für *on* steht im Altfr. häufig die ursprünglichere Form *homs*, welche mit und ohne Artikel auftritt (Gellr. p. 31). Bei Christine zeigt es sich mehrfach ohne Artikel.

V. 745 *Ne riens dont homs soit offendus.*
V. 186 *. . . . onques mais homs.*
        Ne vit si tres plaisans parties
V. 5936 *Il respondi que homs ne devoit.*
        Se partir devant la presence
        De prince . . . .
130, 5 *home ne peut user. . . .*

Auch in seiner eigentlichen Bedeutung fehlt bei Christine bisweilen der Artikel z. B.:

V. 441 *Pour le prouffit d'omme mortel*. 257, 13 *que honneur aucun ne fust donné à homme, fors selon les merites de ses vertus*. 414, 5 *la cause est, pour ce que le cueur d'omme a plus grant vertu* . . . V. 425. 265, 19. V. 4647.

Von anderen unbestimmten Fürwörtern werden mit dem Artikel verbunden *aucun* = *les uns* (Gellr. p. 52. 58). 34, 1 *aprés ce les, aucuns de ses gens qui virent qu'il n'en disoit autre chose, vont dire*. 122, 6 *car les aucuns sont si accoustumez à oyr fables . . . .* 260, 25 *n'est octroyé aux aucuns par dessus le commun cours naturel*. V. 2140. 122, 16. 261, 15. 269, 29 etc. Hervorzuheben ist noch, dass es von

Villeh. und Joinville nie mit dem bestimmten Artikel gebraucht wird (Haase p. 57).

plusieurs in Begleitung des Artikels ist ein superlativischer Ausdruck und hat den Sinn von *la plupart* (Hammesfahr p. 19; Diez III, 87; Gellr. p. 27. 52), so auch bei Christine, wo es aber ganz vereinzelt auftritt. Fol. 108 *Et si font les plusieurs, ce n'est pas doubte.*

Nach der vergleichenden Partikel *comme* ist meistenteils der Artikel im Gebrauch (Gellr. p. 31); so auch bei Christine, wenn nähere Bestimmungen folgen. 264, 2 *et comme les parens ou majeurs de tels nobles enfans doyent avoir singulier regart à ces choses* . . . . . 385, 30 *tout ainsi comme l'oeuvrier d'architeture ou maçonage n'a mie fait les pierres* . . . auch sonst 336, 16 *y convient employer si chier chatel comme la vie, le sang, les membres et l'avoir;* dagegen 379, 24 *qui est comme feu, souffre et esche en un vaisel.* 335, 1 *si comme chayennes sont communement faictes pour la deffense.*

Wenn zwei Substantiva mit einander verknüpft werden sollen, so muss im Neufr. bei dem zweiten Substantiv der bestimmte Artikel wiederholt werden. Im Altfr. konnte der Artikel stehen oder auch ausgelassen werden (Gellr. p. 60. 75). Der Artikel wird gesetzt, wenn die Substantiva den Begriff der Ähnlichkeit oder Gleichheit in sich enthalten. 300, 15 *la terre et contree estoit gaste et déserte.* 15, 12 *les rois et princes doivent les lois anciennes de leur terre tenir.* 261, 19 *comme sont les aduleurs ou flateurs portans venim angoisseux.* 143, 1 *se fist tourner la face vers les gens et peuple qui là estoit;* ebenso 427, 21. 11, 22. 22, 19. 121, 1. 346, 22.

Dagegen wird der Artikel angewandt, wenn die Substantiva nicht einander bedeutungsverwandt sind, z. B. 69, 11 *en la dicte esglise de Saint Denis porter devant les corps sains et se fist porter tout entour les chaces et baisa les reliques, le chief, le clou et la courronne.* 344, 2 *et force pristdrent les gens qu'il y ot commis la ville et le chastel du Crotoy.* 336, 17 *y convient employer . . . la vie, le sang, les membres et l'avoir.*

Nach den Verben „heissen und nennen", *dire* und *appeler*, wurde im Altfr. mit Vorliebe der bestimmte Artikel angewandt, wenn auf dieselben nicht blos der Name, sondern erst ein Appellativum folgt, das den Stand, Amt oder Würde der Person bezeichnet, was bei Commines noch Regel war (Stimming: *Syntax des Commines*, Ztschr. f. rom. Philol. p. 490); vergl. Christine 350, 11 *couronné fu de Naples et appellé le roy Loys* etc. auch sonst noch als in 264, 31 *doit estre appellee la sage compassion*. 41, 10 *et aussi le voleur estoit appelez celluy*. 247, 17 *que nous disons le jour de l'an*; dagegen 267, 29 *que nous disons nature*. 387, 5 *les Françoiz qui jadis furent appellez Gaulés*. 2, 29 *vous estes appelez vassal de Dieu*.

Das Adjectiv *feu* in Begleitung eines Substantivs hat im Neufr. den Artikel nach sich; so erscheint es einmal in unseren Texten 247, 2 *c'est assavoir, en la singuliere personne du trés illustre hault et trés loué prince, feu le sage roy Charles, quint d'icelluy nom*, während die von Gellr. untersuchten Denkmäler des XVI. Jahrh. diese Erscheinung noch nicht aufweisen (s. p. 76).

Im Altfr. konnten Verba durch Vorsetzung des bestimmten Artikels zu Substantiven erhoben werden, was sich noch ganz gewöhnlich im 16. Jahrh. und vereinzelt im 17. Jahrh. zeigt (Chassang § 354; Gellr. p. 73). Das Neufr. hat gleichfalls noch diese substantivierten Infinitive, doch ist die Zahl derselben bei weitem geringer als in der älteren Sprache. Aus unseren Texten erwähnen wir: 372, 24 *le respondre*. 71, 17 *le passer*. 20, 18 *le departir*. 70, 3 *le chevauchier*. V. 3104 *le cuidier*. V. 2141 *le plourer*. V. 2225 *le regarder*. V. 2168 *le dire*. 276, 30 *le descouchier*. 277, 4 *le lever*. 278, 9 *le mangier*. 286, 27. 308, 15; 312, 9 *le vivre*. 306, 10 *le parler*. 79, 5. 79, 27; 86, 25 *le soupper*. 84, 18. V. 5941; V. 6161 *le disner*. Der Artikel fehlt nach der Praeposition *après* bei *disner, soupper* und *dormir*; z. B. 78, 24 *aprés disner*. 85, 8. 91, 19. 65, 4; 80, 7 *aprés soupper*. 92, 12 *aprés dormir*.

Im Altfr. konnte bei einer grossen Zahl von Wendungen, in welchen das Substantivum mit dem Verbum sehr eng verbunden war, der Artikel fehlen (Gellr. p. 21. 73). Aus unseren Texten lassen sich anführen 339, 26 *faire guerre au roy Pietre*, dagegen 339, 21 *lui faisoit la guerre.* V. 331 *dessoubz le ciel tout maine guerre.* V. 2850 *ce qui fait mouvoir entr'eulx guerre.* V. 2921 *en son palais pour gloire avoir.* V. 3003 *paix ne puet avoir cellui bas monde.* 131, 6 *les dieux ayent envie aux homes.* Dagegen 383, 5 *ceulx d'Athenes orent la victoire*, ebenso *donner la victoire* 337, 11; V. 2902 *mes gens ne veulent que paix guerre.* V. 201 *pour passer temps au moins.* 315, 18 *pour passer mer.* 336, 3 *chvaliers qui hantent chevalerie*, dagegen 351, 5 *hanta les armes.* 59, 5 *mieulx lui aduisoit que porter armes.* V. 6375 *et congié pris d'elle*, dagegen *octroyer le congé.* 311, 1; V. 4725 *car toy et moy perdions repos.* V. 3150 *envie que moult tost cueur blece.* 269, 22 *or scet il donner doctrine.* 269, 28 *celluy en scet conseil donner.* 349, 23 *dont ilz firent paix;* abweichend vom Neufr. findet sich *descendre du cheval*, V. 5795. Was die Redensart *faire quelque chose le premier* anlangt, so fällt der Artikel aus in V. 3075 *et par obedience noblece premiere parla.* 37, 11 *qui primier baiseroit sa mere.* V. 3074, dagegen tritt der Artikel ein in 412, 18 *assaillirent les primiers.*

Der unbestimmte Artikel.

un konnte bis ins 16. Jahrh. als unbestimmter Artikel im Plural vorkommen (Darmest. § 181; Diez III, 21; Knösel p. 17), namentlich bei Substantiven, deren Plural dem Singular gleichbedeutend war, wie 50, 1 *il escript unes faulses lectres.* 50, 27 *faictes de vostre main unes lectre(s) de creance* u. 98, 1 *par unes autres lectres*, oder es wird durch den unbestimmten Artikel eine unbestimmte Menge von Einzeldingen wie in 92, 16 zusammengefasst *et pria l'Empereur au Roy que luy donnast une de ses heures et il prieroit Dieu pour lui, dequoy le Roy lui envoya deux, unes petites, les autres grans.*

Wie der bestimmte Artikel, so war auch der unbestimmte Artikel im Altfr. entbehrlich, wo er heutigen Tages gesetzt werden müsste; selbst noch ins 17. Jahrh. hinein lässt sich diese Erscheinung verfolgen (Chassang § 208. Nfr. Zschr. IV, 104) vergl. Christine V. 1215

> *Car ce bien semble estre edifice*
> *Fait de puissant gent.*

V. 1687 *Car en nouvel pays yras*
V. 2397 *couronne avoit ou chief si fine* . . . .

Der Artikel ist weggeblieben:

1) nach verneintem *onques*: 76, 3 *et lui dict: Que bien fust il venus et que onques prince plus voulentiers n'avoit en son palaiz veu.* V. 4937 *et ainsi de fait nous veons qu'onques ne fut grant conquereur.* V. 105. 1784.

2) in sonstigen negativen Sätzen.

V. 131 *si n'est pas chose nouvelle.* V. 193 *car demonstrer son courage tousdis n'est pas avantage.* V. 262 *jamais jour ne sera flechis.* V. 485 *je vi et notay qu'elle n'ot couronne en sa teste.* V. 1182 *ne sanz avoir mauvais herberge.* V. 1104 *ou il n'entre personne rude.* V. 26. 454. 801. 1337; im Gegensatz hierzu V. 2032 *il ne te loit passer un pas.*

3) öfters nach *il y a*.

V. 1343 *ou il a moult belle abbaie.* V. 2352 *la ot entaillié bel et gent harnois.* V. 2391 *si avoit la moult grant richece.* V. 2081 *mais il ot moult grant difference en leurs facons et contenance;* dagegen V. 2374 *ou il ot une baniere.* V. 2375 *soubz ses piez un chastel avoit.* V. 2414 *ou il ot un grant escharbouche.*

4) nach vergleichendem *comme* wird bei Christine ebenso häufig der Artikel gesetzt, wie er ausgelassen ist, während bei Villeh. und Joinville das Wegbleiben desselben fast zur Regel geworden ist (Haase p. 66). V. 2294 *Blanche com lis, plaisant et belle.* 344, 10 *mais luy, comme vray pastour humain et doulx ordonna que* . . . 18, 19 *et amoit celle science comme chose eslue et singuliere.* 263, 22; mit dem Artikel V. 1699 *que toute la terre veoie comme une petite pelote.* 249, 12 *tout ainssy comme une pierre précieuse.* 276, 6 *son corps constitua ainssi comme une cité.* 335, 8. 356, 23.

5) bei *si* fällt der Artikel fast ohne Ausnahme weg. V. 49 *et ilz sont telz et de si noble affaire.* V. 839 *et si doulz son au bruire firent.* V. 370 *en faisant male extorcion pour si petite porcion.* V. 874 *et des arbres chargiez de fruis ou si doulz*

et plaisant goust truis. V. 1297 *lv fu Troie la cité de si grant renom.* V. 1427. 1703 etc.; mit dem Artikel V. 2439 *adont un si doulz chant oy que tout mon cuer fu resjoy.*

6) wird der Artikel gern unterdrückt beim **Substantiv mit einem attributiven Adjektiv.** V. 289 *car moult m'estoit belle chose.* V.453 *que j'oz estrange vision.* V. 460; 265, 23 *si fu aprés moult vaillans homs et grant philosophe.* 299, 13 *et de tant ce dit Valere ot il plus haulte gloire.* 315, 29 *n'est mie doubte que plus grant merite en auront les Crestiens.* V. 2415 *ou il ot un gros escharbouche qui moult grant resplendeur rendoit.* V. 687. 787. 937 988. 1001. 1064. 1075. 1030. 1224. 1431. 1574. 1701. 1747. 1783. 2004. 2085. 2257. 315,29 etc.; dem steht entgegen 316, 15 *un moult riche reliquiaire d'or à pierres précieuses entre les autres dons y donna.* V. 2314 *de l'autre costé vi arriere assise une autre grant chaiere.* V. 311. 644. 822. 1579. 1985. 2055.

Von **Substantiven der Quantitätsbestimmung,** welche noch im 16. Jahrh. mit oder ohne attributivisches Adjektiv den Artikel entbehren konnten (Arch. 49. 166), führen wir an: 329, 24 *eslut quantité de ses anciens.* 340, 4 *avec grant foison d'Anglois.* 340, 9 etc.; vereinzelt mit dem Artikel 313, 16 *donnoit certain argent à une quantité de povres.* 33, 7.

tel und *autre* konnten noch im 17. Jahrh. ohne Artikel sein (Nfr. Ztschr. IV, 105); z. B. V. 598 *sans autre conduit ne moien parmi enfer le convoyai.* V. 650 *je te cuit conduire de fait en autre monde.* 309, 8 *plus qu' à autre gent grant vitupere.* 313, 10. 314, 19. V. 450. V. 565 *adont me dist que requeisse del don comme avoirje vouldroie.* V. 606 *et la devoit espouser tel dame y avoit dont apres de lui descendroient princes qui le monde tendroient en leur baillie.* 255, 18. 256, 13. 260, 1. 271, 5. 272, 19. 278, 24. 282, 6. 286, 13. 287, 2. 289, 11 etc.; mit dem Artikel 294, 6 *la haultece de son noble courage ne deigna tenir conte de chose que un tel garçon deist.* 302, 2 *saint Bazile qui lors estoit evesque de Capadoce, ot une telle vision.* 367, 12 *a une telle singuliere grace que toute personne est amoureux et resjoy de sa personne.*

Abweichend vom Neufr. erscheint *chacun* in der älteren Sprache bisweilen mit dem unbestimmten Artikel und noch im 17. Jahrh. z. B. bei *Molière. D. Juan IV aux yeux d'un chacun* (Darmest. § 173; Diez III, 44) 124, 26 *une chascune mois est materielle.* 126, 15 *comme une chascune chose soit donc perfecte en s'opperacion.* 264, 22 *et doit avoir recort un chascun.* 335, 15 *et ces choses doivent faire un chascun chevalier.*

Bei *chose* konnte ebenso wie bei *homme* im Altfr. der unbestimmte Artikel ausfallen (Arch. 49, 166); bei Christine findet es sich, abgesehen von der Verbindung mit *ne*, in 254, 23 *et ce seroit chose trés convenable et pertinent aux causes des cas divres.* 294, 6 *la haultece de son noble courage ne daigna tenir conte de chose qu'un tel garçon deist.* V. 426 *ce m'est chose trop merveillable.*

Der Teilungsartikel.

Das Altfr. kannte kaum den Gebrauch des Teilungsartikels. Nach Keding (Syntax des Teilungsartikels, Guhrau 1870) beginnt die Entwickelung desselben im 15. Jahrh.; das 16. Jahrh. bahnt den modernen Gebrauch an, und im 17. Jahrh. ist seine Syntax vollständig ausgebildet (Darmest. § 149—151).

In unseren Texten kann es vorkommen, dass der Artikel noch nicht eintritt, z. B.:

a) beim Nominativ: (vergl. List p. 4; Becker p. 12) 17, 2 *pour ce furent faictes villes et citez pour estre ensemble et mieulx deffendre et garder contre ennemis.* 33, 2 *comme le Roy Charles seist à table en sa chambre assez à privé, nouvelles luy vindrent hastives.* 17, 11. 262, 27. 279, 4.

b) beim Akkusativ: 25, 11 *au bois de Vincennes fonda chanoines.* 55, 6 *un clerc estoit, lequel savoit moult beauls expériences.* 25, 9 *à tous les convens de Paris, aux mendians donna argent;* dagegen 33, 21 *adont, aucuns jeunes escuyers, gentilz hommes qui à table le servoyent, se vont enhardir et dire: „Sire, donnez nous de l'argent pour nous bien abillier."* 28, 1 *y eust maistres qui grans gages en recepvoyent.* 28, 7. 34, 14. 249, 23. 253, 1. 256, 2. 279, 10, 27. 297, 2. 316, 16. 24, 9. 28, 5.

c) vor *autre* und *tel* im Plural (vergl. Becker p. 14). V. 4324 *et raconte telles exemples comment onques l'ost de Brennus vaincu estre ne pot de nuls.* 253, 25 *comme droit et noble coustume requiet à telz royaulx enfans.* 291, 16 *onques ne voult en son temps, consentir telles batailles.* 267, 15. 314, 1. 318, 12.

Beispiele mit *autre*: *et l'expert, sans plus, ne cognoist autres causes.* 287, 5 *tant joyauls comme autres dons.* 279, 17 *aprés son dormir, estoit un espace avec ses plus privés en esbatement de choses agréables, visitant joyauls ou autres richeces.* 254, 16. 269, 8. 274. 14. 277, 7. 278, 20. 279, 28. 280, 1. 295, 11. 322, 1.

d) bei der Negation: 37, 8 *les Rommains qui plus ne voldrent avoir Roy, envoyerent savoir au dieu Apollo* .... V. 4534 *une gentil femme qui pain n'avoit a mengier.* V. 3479 *en ma preuve n'a pas faiblece.*

Ein Substantiv im Teilungssinne mit vorangehendem Adjektiv wird im Neufr. durch partitives *de* ausgedrückt. Diese Regel wurde zum ersten Male von Vaugelas ausgesprochen; noch im 17. Jahrh. wurde gegen diesen Sprachgebrauch verstossen, indem der Teilungsartikel selbst im Akkusativ bisweilen noch durch blosses *de* ausgedrückt wurde (Stimming p. 198. List p. 4. Racine Mesn. I Gr. 73) oder *de* mit dem Artikel bestand (Stimming p. 198); für den letzteren Fall sind Beispiele aus Christine 22, 2 *il fist faire des beauls maçonnages.* 28, 19 *si manda ce roy à Eléazar qui estoit souverain prestres des Juifs qu'il luy envoyast des sages hommes du peuple des Juifs.*

Nach dem artikellosen Substantiv der Quantität *foison* und den Adverbien *assez, maint* steht bald partitives *de*, bald fehlt es. *Foison* und *assez* haben *de* nach sich, wenn sie dem Substantiv vorangehen z. B. V. 4535 *mais foison d'enfans avoit en sa maison.* 411, 17 *car, si comme assez de gens encore vivant le scevent*, dagegen fällt *de* weg, wenn sie nachstehen. V. 2793 *et gent d'esglise grant foison amena la devant Raison.* V. 3479 *en ma preuve n'a pas faiblece, mais force assez.*

maint: 349, 17 *et au bout de trois sepmaines se rendy et aussi mains d'autres chasteauls.* V. 1410 *ou il en a de mainte sorte.* 349, 6 *mains fors chasteaulx prist.* 309, 5. 263, 15. 289, 9. 280, 6 *en yver, par especial, s'occupoit à oyr lire de diverses belles ystoires.* 425, 14 *où avenoit de diverses aventures;* ihnen schliesst sich *force* an, welches bei Christine nur mit *de* vorkommt: Fol. 98 *tu es l'honneur de nostre peuple à qui Dieu a donné force d'hommes.* 58, 17 *car, par force d'armes, leur bastit tel plait.*

Im Altfr. und vereinzelt noch im 16. Jahrh. konnten Adverbien der Quantität *de* mit dem bestimmten Artikel bei sich haben (Stimming p. 198; Arch. 49, 175); in unseren Texten findet sich nur ein Beispiel hierfür nach *autant* 86, 19 *furent assemblez l'Empereur, le Roy, le roy de Bahaigne, et enoiron cinquante des plus nobles princes et du conseil de l'Empereur et environ autant des princes et conseil du Roy.*

III. Die Kasus.

Als casus obliquus treffen wir den unbezeichneten Genitivus possessivus im Altfr. häufig an; vom 15. Jahrh. wird er seltener und im 16. Jahrh. erscheint er nur noch in einigen Wendungen, welche noch gegenwärtig gebräuchlich sind (Benoist p. 51). Bei Villeh. und Joinville tritt der casus obl. als poss. Genitiv ganz allgemein auf, während er in unseren Texten im ganzen nur 21mal vorkommt; z. B. V. 1478 *en Inde vi en biau moustier le corps Saint Thomas entier.* V. 1291 *qui le bras Saint George est nomme.* V. 1210 *l'eglise Sainte Sophie.* V. 1273 *en ce lieu vi Golgatha ou la sainte croix Dieu fu mise.* V. 1534 *jusques aux bonnes Hercules alasmes.* V. 2246. 2691. 2890. 4627. 5725. 5778. 253, 20. 256, 21. 256, 27. 265, 14. 316, 11. 300, 14. 323, 10. 30, 4. 39, 14. In allen diesen Beispielen liegt ein Personenname vor und auch in dem folgenden nur die Umschreibung eines solchen V. 614 *en enfer luy monstray son pere Anchises et l'ame sa mere.*

Prädikative Gattungsnamen, die ein verwandschaftliches, freundliches oder feindliches, auch dienstliches Verhältnis bezeichnen, wurden im Altfranz. wie im Englischen oft mit dem Dativ verbunden, was noch im 16. Jahrh. gewöhnlich war und sich bis ins 17. Jahrh. hinein erhalten hat (Becker p. 14; Arch 49, 329); z. B. 252, 12 *entre lesquelz un appellé Francio, filz au preux Hector, filz du roy Priant de Troye.* V. 3525 *Hector qui fu filz au Roy de Troye.* 326, 13 *celluy de la quel mort nous doulons, qui fu nommé en son titre Phelippe, filz de Roy de France, duc de Bourgogne, conte de Flandres, d'Artois et de Bourgogne, qui fu frere germain au sage roy Charles.* 71, 24. 300, 29. 313, 21. 369, 13. Der casus obliquus als objektiver Genitiv erscheint nur ganz vereinzelt in der älteren Sprache (Clairin p. 256), bei Christine findet sich nur ein Beispiel V. 5431 *la crainte nostre seignour.*

Bei Christine regieren einige Verben den Genitiv, bei denen jetzt eine solche Construction nicht mehr zulässig ist; so *demander:* 279, 26 *là parloit aux femmes et demandoit de l'estre de ses enfens.*

il me déplaît de qch. V. 2046 *ainssi de la m'estut partir dont il me desplut, sanz mentir.* 309, 23 *le quel, par ennuy, s'en ala plaindre au Roy, à qui de ce desplut grandement.*

doubter = *craindre.* V. 742 *mais cellui ou fusmes seur est sans doubte de maleur ne de larrons, n'en doubtons.*

flatter: Fol. 121 *il est aucunes faulser chambrieres qui parcequ'elles scavent assez bien servir pour mieulx flatter és grandz hotelz des bourgois et riches gens.*

ordonner 49, 6 *un chevalier de ce royaume volt aler outre mer, ou quel pays ot entencion de demourer un temps; ordonna de ses besognes.*

refuser: 117, 25 *et se aulcune des dictes deux parties fust refusant de ceste chose que . . .*

Bei einigen transitiven Verben steht im Neufranz. der Genitiv der Sache neben dem Akkusativ der Person. Von den Verben, bei welchen nach dieser Seite Abweichungen stattfinden, notieren wir:

charger qch. à qn. 50, 22 *quant vint au partir, le filz demanda au pere se il luy vouloit aucune chose chargier en France.* 56, 22 *ains tost aprés charga à un de(s) ses clercs.*

prier: 35, 25 *pour la cause de ce de quoy il luy avoit prié.*

requérir: 35, 1 *par un autre moyen fist requérir au roy le dit office.*

Der Dativ ohne die Präposition *à* kommt im Altfranz. ziemlich häufig vor; bei Villeh. und Joinville ist vorwiegend die Präposition gesetzt, doch tritt noch oft genug Auslassung derselben ein (Haase p. 5); in unseren Texten findet sich der unbezeichnete Dativ ganz vereinzelt und im 16. Jahrh. zeigt sich derselbe nur noch in dem formelhaften *si Dieu plaist*; bei Christine steht er 369, 9; sonst noch in 47, 29 *est escripte à Sainte Pole, une dame de Rome moult esleue, escript saint Jerosme maintes belles escriptures et à sa fille nommée Eustache.* 339, 3 *comme droit pasteur apertient à garder ses ouailles, c'est son peuple et ses subgiez.*

Abweichend vom modernen Sprachgebrauch werden folgende Verben mit dem Dativ verbunden:

aidier: 313, 4 *aux freres mendiens, aux povres escoliers aydoit et confortoit en leur congrégations et assemblées.*

anuier: V. 4298 *que froit ne fain ne leur anuie a souffrir et toute mesaise.* 58, 16 *et se nous sommes advocat, nous leur bastirons tel plait, dont la sentence leur ennuyera.*

contredire (Riese p. 27) regierte im Altfranz. den Akkusativ (Diez III, 105), im 16. Jahrh. und auch noch im 17. Jahrh. wurde es mit *à* construirt (Littré. Racine Mesn. L. 110. Vaugelas Remarques 309. Arch. 61, 253). Bei C. 345, 1 *mes, pour ce que aucunes gens pourroient contredire à mes preuves de la chevalerie de cestuy roy Charles.* V. 5603 *n'oseront contredire au roy qui mesmes tendra celle loy.* V. 3304. 3842. 4114. 5093.

grever: V. 703 *Pour le vent qui plus grieve à l'ueil en octobre que grant souleil.*

gronder: Fol. 4 *perverse creature, tu desires vengeance pource qu'il te semble que tu es si grand que nul (quoyque tu faces) ne doibt oser contredire ne gronder à tes vouloirs.*

enhorter: Fol. 56. *et avecques toutes ces choses la noble dame enhorta moult bien et sagement à sa dicte maistresse qu'elle se garde bien.*

prier wird im Altfr. und noch im 17. Jahrh. mit dem Dativ verbunden (Vaugel. 451). Die neufr. Konstruktion *prier qn. qch.* wird von Joinville bereits angebahnt (Haase p. 72). 55, 9 *un autre clerc, riches homs et de la court du roy Charles qui assez estoit investigueur des secretes sciences, pria moult à l'autre que* . . . V. 571 *et luy priay que* . . . V. 1619.

requérir: 56, 1 *le primier clerc dist que, comme bien et bel eust monstré à l'autre à faire l'azur, selon la convenance, la quelle estoit qu'il en aroit cent francs, demandoit son salaire et requéroit au roy qu'il luy en fist droit.* (Beisp. dieser Konstruktion bei Littré s. v. Hist.).

secourir: 361, 8 *aux povres gentilshommes secueurt.* V. 4543 *et lui dist que s'il lui plaisoit secourir à sa fain trop felle.* V. 4558 *a la mere si largement comme il pot selon le povoir du lieu secouri de l'avoir qu'il avoit.* Dagegen *secourir qn.* 362, 2 *aime et secueurt les bons chevaliers et les clercs sages.*

supplies: Fol. 13 *ilz luy vindrent humblement supplier qu'elle face leur paix* (Beispiele dieser Konstr. finden sich bei Rob. Garn. p. 83; in Zschr. f. rom. Philol. I, 202; Littré s. v. Hist.). In Übereinstimmung mit dem Neufr. findet sich der prädikative Akkusativ ohne Präposition in V. 3357 *quant selon leur affection louent eslire gouverneur.* V. 3509. 3647. 3714; V. 3834 *si m'en croiez, et roy le faites.* V. 3667. 5586. 6056; V. 3802 *que seigneurs du monde ilz se virent.*

In unseren Texten wird wie im Altfr. vielfach der Prädikatsakkusativ mittelst der Präposition *à* angefügt, was noch vereinzelt im 17. Jahrh. geschah (Diez III, 120. 159; Zschr. IV, 109). 30, 5 *qui avoit à nom Alcun ou Aubin.* 30, 8 *que Charles avoit à science.* 60, 20 *si comme eust à femme.* 335, 14; 252, 23 *que yceulx courronnerent à primier roy de France.* V. 5100; V. 3841 *l'omme riche eslit seroit a empereur du monde.* V. 3376. 3475. 3638. 3663. 3667. 3707. 4471. 4573;

V. 3564 *n'a seigneur nul nel consentist* V. 3683 *pour celle cause a prince el tiennent* V. 1014. 3139. Fol. 42 *en cestuy mesmes temps et espace frequentoit à icelle mesme court une autre personne qu'on reputoit à folle.* Fol. 42. 62, 18.

Die Anknüpfung mit der Präposition *pour* lässt sich belegen V. 3138 *et pour prouchain parent le tiennent.* V. 3986 *car on le tendra pour maleureux.* Bei *eslire* kann der prädikative Akkusativ auch vermittelst *en* angefügt werden. 105, 16 *environ le mois de may l'an 1378, vindrent nouvelles à Paris et en France que les cardinaulx qui à Romme estoyent, avoyent esleu en Pape un appellé Barthelemy.* 103, 9 *le quel fut esleu en Pape.*

Auf die Frage wann? begegnen wir bisweilen wie im Altfranz. der Präposition *à* statt des Akkusativus; vereinzelt geschah dies noch im 17. Jahrh. (Nfr. Zschr. IV, 119) z. B. 37, 26 *quant il fu au matin.* 93, 4 *au matin, en sa litiere, du bois se parti.* 66, 11.

Ein adverbialer Akkusativ findet sich zur Bezeichnung des Wertes und Gewichtes in 16, 13 *qui debvoit couster cent mille francs.* 78, 7 *lui presenterent une nef pesant neuf vingts et dis mars d'argent;* ein absoluter Akkusativ in 97, 12 *de la quelle chose les choses dictes et les dons considérées monta une trés grant somme d'or.*

Von den Verben, welche bei Christine in transitiver Bedeutung gebraucht werden, während sie im Neufr. Intransitiva sind, führen wir an:

approcher wird auch in der älteren Sprache intrans. gebraucht, bei Joinville findet sich auch schon die moderne Konstruktion, während dieselbe bei Villeh. noch nicht vorkommt (Haase p. 71); 143, 18 *un peu aprés, en approchant le terme de la fin . . . . fist amener devant lui son filz aisné le Dauphin.* 419, 3 *et ceuls qui sont en l'estage de desoubz, se ilz peuent approchier les murs, ilz les doivent foyr et miner.* 421, 16; dagegen die nfr. Konstruktion V. 1512 *tantque d'orient approuchasmes.* 418, 17 *quant on le peut approchier des murs.*

converser V. 1411 *mainte estrange gent conversasmes.*

ensuivre ist im Neufr. nur noch reflexiv und wurde im Altfr. wie *suivre* construirt; ebenso noch von Montaigne gebraucht (Littré I, 226); 276, 1 *peut et doit estre exemple d'ensuivir leur meurs.* V. 920. 3800. 4263.

partir kommt bei Chr. nur an einer Stelle vor 329, 19 *parti son peuple en ordre de pluseurs parties*; es hat seine ursprüngliche Bedeutung noch bis ins 17. Jahrh. hinein bewahrt (Littré I, 939).

pourvoir = prendre soin de. V. 3091 *et je croy sanz mentir que Dieux a le monde veu en pitié et bien pourveu.* V. 3271 *mais certes, mieux ay apperceu et mieux cuit le monde pourveoir;* intransitiv *pourveoir à q.* V. 5104 *pourveoir a cil qui ert a avenir.*

resjouir: 278, 16 *et à l'exemple de David, instrumens bas, pour resjoir les esperis, si doulcement jouez.*

sembler und *ressembler* waren in der älteren Sprache ganz gewöhnlich als Transitiva gebraucht; findet sich noch bei Malherbe, wurde aber von Vaugelas und später von Th. Corneille gerügt (Darmest § 195 a; Vaugelas Remarques 487). V. 4190 *ressemblent les fiens qui resplendent pour le soleil qui dessus est.* V. 2083 *car l'un l'autre ne ressemblaient en facons, mais tuit bien sembloient gent de moult grant auctorité.*

succéder 365, 3 *si fu, en succedant le pere, couronné à Reims, a grant feste et solemnité, présent grant baronnie.*

IV. Pronomina.
a) Das Personalpronomen.

Die unbetonten Fürwörter konnten in der älteren Sprache als Subjekte in allen drei Personen ausgelassen werden (Gessner I, 13. Darmest. § 184. Diez III, 303. Nissen p. 14. 41. Horning); die späteren Grammatiker des 16. Jahrhundert sprechen sich für Anwendung der Pronomina als Subjekte aus, während noch zu Anfang des 16. Jahrh. dieselben entbehrlich waren, und im 17. Jahrh. wird nur noch selten mit Ausnahme des neutralen *il* (Chassang

§ 220) dagegen verstossen (Benoist p. 26; Nfr. Ztschr. IV, 135; Malherbe s. Beckmann, *étude sur la langue de Malherbe* p. 27).

Beispiele I. S. V. 1751 *car sauvement te conduiray et au monde te remenray*. V. 1784. 1790. 1819. etc.

II. S. 441, 21 *por ce tresor aucuns enseignements noter te vueil, si les vueilles noter*. 1189 etc.

III. S. 22, 9 *car en gramaire, qui aprent la maniere des moz, estoit souffisamment fondez et toutes en savoit les rigles*.

I. Pl. V. 1302 *l'isle de Rodes trespassasmes ou maintes merveilles trouvasmes*. V. 1411. 1412. 1419.

II. Pl. 143, 6 *si povez savoir*.

III Pl. V. 2126 *si le triboulent et desvoient selon les planetes*.

Hervorzuheben ist, dass auch im Fragesatze die Pronomina als Subjekte vernachlässigt werden, wofür wir 3 Beispiele anführen können. V. 4931 *par quoy acquistrent les grans terres?* 269, 17 *or luy ramentoit mémoire l'experience des choses passées que il a veues, dont or à primes proprement en scet jugier?* 269, 19 *or cognoist la verité et droicte opéracion de tout quanqu'il a retenu et apris en son enfance et juenece*.

Im Altfranz. konnte das pronominale Subjekt ausgelassen werden, gleichviel ob der Fragesatz von einem Frageworte oder ohne solches eingeleitet wurde (Tobl. Ztschr. f. rom. Phil. III, 144; Gröber Ztschr. f. rom. Phil. IV, 463; Ebering V, 330; Nissen p. 80. 82). Ganz vereinzelt zeigt sich diese Erscheinung auch noch im 16. Jahrh. (Haase. Rob. Garn. p. 7).

Im Altfranz. und auch noch im 16. Jahrh. waren die Nominativformen des Personalpronomens der Betonung fähig und können ohne Verbum oder getrennt von demselben stehen, meist ist das Prädikat von seinem Subjekt durch einen Zusatz getrennt (Gessner I, 4. Haase Rob. Garn. p. 3; Ebering Zschr. f. rom. Phil. V, 325). Unsere Texte bieten hierfür 16 Beispiele: V. 1599 *et je, qui celle eschiele avise, me mervaillay de la devise*. 278, 1 *et il, trés débonnaire, s'arrestoit à oyr leur supplicacions*. 324, 17 *à tant, priant Dieu omnipotent qu'il, à mon faible sentement, aucteur de ce livre, doint vigueur et force de continuer et finer cest présent volume.* 101, 25 *que il par grace, ait voulu exaucier.* 315, 6. 322, 29. 329, 21. 350, 7 357, 22. 32, 25. 56, 23. 65, 16. 67, 14. 76, 13. 91, 21. 611.

Daneben treffen wir auch den Akkusativ des schweren Pronomens, welcher, wenngleich er vereinzelt in den Denkmälern des 13. und 14. Jahrh. auftritt, erst im 15. Jahrh. zur Geltung kommt und von Montaigne ab zur Regel geworden ist (Gessner I, 4. Arch. 49, 182). Beispiele für Chr. sind 327, 7 *moy, comme femme vefve, orphenine d'amis, ay cause de douloir.* 352, 27 *luy, non obstant que il veist la fuite des autres, onques ne relainquai son pere, ne fouy.* 1, 13 *moy, par la considéracion de ma faiblece . . . j'appelle en soustenail et ayde . . .*

Die schweren Dativformen der persönlichen Fürwörter mit der Präposition *à* werden im Neufr. meist nur nach Verben der Bewegung, dann aber auch nach einigen andern wie *penser, songer, rêver* etc. (cfr. Plattner § 305, 3) gebraucht. Das Altfr. geht hierbei viel freier vor, und noch im 16. Jahrh. tritt präpositioneller Dativ auch bei unzweifelhaftem Objektsbegriff zu dem Verb (Gessn. I, 11), vereinzelt findet dies auch noch im 17. Jahrh. statt und ganz gewöhnlich bei *parler* (Chassang § 224. Neufr. Zschr. IV, 140). Beispiele: 31, 12 *vint à luy.* 76, 2 *le roy à luy vint.* 88, 15. 292, 22. 314, 16. 315, 25. 371, 26; 351, 16 *qui à luy ont à parler.* 47, 1. 66, 2. 78, 17; 275, 3 *serchier et appeler à soy.* 372, 14 *qui à luy a à besoignier.* 384, 22 *à ceuls qui au mestier d'armes desirent à euls instruire.* 397, 21 *car à luy n'avoit mie tenu.* 5, 24 *avecques les autres tiltres à luy instituez et dis.* 131, 22 *la quelle chose ne pourroit estre en Dieu, n'en chose qui à luy appartiegne.* 134, 9 *toutefois il ne dispute à eulx.* V. 1716 *mais impossible est a moy qui l'ay trop pesant.* 222, 29. 255, 19. -257, 9. 261, 13. 276, 16. 279, 6. 287, 6. 323, 25. 327, 13. 340, 25. 343, 3. 349, 3. 358, 24. 366, 19.

Was die betonten Pronomina als Dativ und Akkusativ betrifft, so haben sich dieselben, wie im Altfranz., noch häufig beim Infinitiv erhalten (Tobler, Göttinger gel. Anz. 1875, S. 1065).

a) **beim reinen Infinitiv.** 390, 25 *et non trop culs chargier de viande et de vin.* 407, 24 *et doit le chevetaine prendre à son conseil les bons chevaliers expers des armes, anciens et sages, et ne doit pas soy fier en son oppinion.* 81, 21 *l'Empereur s'excusa, pour ce que ne povoit aler ne soy agenouiller.* 122, 29. 396, 1. V. 398. 966. 1013. 4353.

b) **häufiger beim präpositionalen Infinitiv.** V. 1826 *et devisoit des planetes les noms, la force et de moy enseignier s'efforce.* V. 2955 *et menacez de moy rabatre.* V. 6072 *de moy taire est temps desormais.* V. 4345 *ce leur dist pour eulx enorter à toute paour d'eulx oster.* 130, 6 *pour occupacions d'euls pourchacier.* 348, 23. 412, 27. 426, 12. 73, 8. 121, 28. 138, 13. V. 2905. 4643. 64. 1179. 2899.

c) **beim Participium Perfecti,** wofür Chr. 5 Beispiele bietet (vergl. Tobler, Zschr. für rom. Phil. II, 555, welcher diesen Gebrauch für das Altfranz. nachgewiesen hat). Beispiele bei Froissart Zschr. f. rom. Philol. V, 326.

247, 24 *et pour ce, moy meue de desir d'accomplir son bon vouloir.* 248, 3 *et là, de sa bonne grace, luy informé de ma venue, me fist aler vers luy.* 249, 6 *et pour ce que moy bien informée treuve que les biens de luy peuent assez conduire par ces trois graces . . . .* 5, 24. 293, 13.

d) **einmal beim Grundium** V. 4415 *et il dist en soy excusant.*

soy, welches im Neufr. mit Bezug auf allgemeine Personenbezeichnungen gebraucht wird, findet sich bei Christine, wie noch im 17. Jahrh., auch in Bezug auf bestimmte Personen (Chassang § 242; Diez III, 62; Nfr. Zschr. VI, 141). V. 2306 *celle dame avait devant soy deux livres.* V. 2513 *ainsi celle princesse vint en sa chiere et plus de vint nobles dames environ soy.* V. 2339; V. 5042 *le sage roy plein de souffrance de vertu et de grant raison bien savoit en toute saison dissimuler a point et traire a soy ce qu'il devoit atraire.* 274, 24. 275, 2. 297, 26. 319, 3. 323, 23. 348, 18. 385, 27, 30, 24. V. 2306. 2513. 2791. In drei Fällen ist es auf ein Kollektivum bezogen. 255, 7 *car comme jeunece soit de soy encline à mains mouvemens hors ordre de saison.* 356, 9 *parquoy, n'a cause le peuple de soy clamer.* 400, 8 *quant un ost a avisié place pour soy retraire.* In Beziehung auf Sachen ist *soi* angewandt: 7, 25 *parquoy comme il appert qu'elle n'ait fin hors soy, mais se fine soy mesmes, et donques perfaicte.* 7, 27 *rendre une chose en soy.*

en in lokaler Bedeutung findet sich im Neufr. noch bei einigen Verben der Bewegung (Diez III, 152); aus unseren Texten führen wir an: 338, 14 *et nostre roy joyeusement s'en vint du sacre à Paris* (wo die Beziehung noch zu erkennen ist), 310 28 *qui partir s'en vouloit.* 16, 15 *qui s'en fust ensuivy à tout ce royaulme.* V. 408 *aincois longs s'en fuiroient.* V. 2680; 322, 27 *et celluy prent ses robes et choses et s'en va.* 309, 22. V. 2725; 122, 16 *par occupacions aussi les aucuns s'en retrayent.* 45, 23 *pou demoura, puis s'en retourna, à tout de moult beauls dons.* 93, 24. 397, 16; V. 1837 *le soleil s'en monte.*

s'en venir und *s'en retourner* sind im Neufr. noch gebräuchlich, aber von geringerem Umfange als im Altfr.; während dieselben bei Villeh. und Joinville auf jeder Seite zu treffen sind (Haase p. 76), treten dieselben bei Christine nur noch vereinzelt auf. S. obige Beispiele.

Auch sonst noch erscheint *en* pleonastisch gebraucht 338, 4 *mais en la fin, Dieux en donna aux Français la victoire et furent les ennemis auques tous mors et pris.* 63, 5 *les beaulx paremens et habis en quoy les rois sont sacrez, dont il en feist faire de tous neufs et les plus riches qui onques eussent esté veus qu'on sache.* 2123 *joie et dueil y donnent selon qu'il leur est commandé du hault cours du ciel et mandé dont elz recoivent, je n'en mens les singuliers commandemens.* V. 2929 *ma dame, si vous en prenez a elle . . .* 337, 23 *desquelz je tais les noms des capitaines et de leur nacions, m'en raportant aux dictes croniques.* 379, 21; 293, 22 *par Dieu, Sire, se j'en feusse creus, vous n'y fussiez ja entrés.* 293, 29; 370, 26 *de la quelle fréquentation est impossible que son ame et ses meurs m'en vaillent mieulx.* 333, 25 *j'en apperçoy, entre les autres, un, en son temps, digne d'estre nommé vray Milite.* 414, 25. V. 2699; 28, 16 *il luy fu dit qu'il en desplairoit à Dieu que nul la translatast s'il n'estoit Juif et se autre s'en vouloit entremectre que tantost charroit en forsenerie,* wobei *en* zur Hinweisung auf einen folgenden Satz angewendet ist, was noch im 17. Jahrh. erlaubt war (Gessner I, 15; Nfr. Zschr. IV, 137). *En* bezieht sich vorzugsweise auf Sachen, konnte aber noch im 17. Jahrh. ganz gewöhnlich auf Personen angewendet werden (Chassang § 274 Rem. I; Nfr. Zschr. IV, 142). Stellen aus Christine sind: 356, 27 *et moult leur donnoit de bien, pour la quel bonté et esmolumens qu'ilz en recepvoyent, tant l'amoyent que plus grant pitié ne pourroit estre veue que le dueil et regraiz d'eulx fait de son trespassement.* 28, 2 *y eust maistres qui grans gages en recepvoyent.* 265, 25.

y in lokaler Bedeutung hat sich in dem Ausdrucke *il y a* im Laufe der Zeit so eingebürgert, dass es im Neufr. stets stehen muss; im Altfr. und noch im 17. Jahrh. konnte es ausfallen (Nfr. Zschr. IV, 143) z. B.:

V. 129 *combien qu'il ait ja par temps environ treize ans de temps.* V. 444 *bien doit desirer paradis ou n'a ne mesfais ne mesdis.*

V. 896 *ou d'arbres a plus d'espresseur.*

b) Possessivum.

Im Altfr. konnte auf ein possessives Pronomen nicht nur in der schwachen, sondern auch in der starken Form ein Substantiv folgen. Diese Erscheinung lässt sich schon im Eulalialiede nachweisen und bis ins 16. Jahrh. verfolgen (Diez III, 65; Gessner I, 21; Becker p. 17; Arch. 49, 183). Nicht selten tritt zu der schweren Form vor dem Substantiv der bestimmte Artikel, welcher jedoch auch fehlen kann (Gess. I, 21). Während Villeh. und Joinville hierfür noch zahlreiche Beispiele bieten, lässt sich für Chr. nur ein Beispiel nachweisen. V. 5708 *et tout le maintien sien.*

In der älteren Sprache konnte die starke Form auch im Vereine mit Zahlwörtern, unbestimmten Pronominalien un dem Demonstrativ vorkommen, was im 16. Jahrh. noch gan gewöhnlich ist und auch noch vereinzelt sich im 17. Jahrh. zeigt (Becker p. 17; Godefroy, Corneille II, 46; Gessner I.

22; Haase, Rob. Garnier p. 10). Am zahlreichsten erscheint in dieser Verwendung *un*, welches zu der Bedeutung des unbestimmten Artikels herabgesunken ist, sich häufig noch im 17. Jahrh., bisweilen noch im 18. Jahrh. zeigt und sich bis auf den heutigen Tag in der familiären Sprache erhalten hat (Gessn I, 22; List Franz. Stud. I, 7; Plattner p. 268; Godefroy I, 46). Beispiele aus Chr. sind: 39, 14 *tost aprés, le duc d'Anjou, à la requeste d'un sien tresorier* ... 237, 13 *voirs est que, c'est présent an de grace.* V. 1403 *aprés un mien nouvel volume* ..... *au dit trés solemnel prince* ..... *de par moy présenté.* 292, 5 *à l'obséque d'un sien ennemy mortel.* V. 5183 *Saint Ambroise en un sien epistre.* V. 5781 *avoit un sien enfant occis.* 104, 15 *et un autre sien compaignon, appellé maistre Pierre du Tertre, confesserent la faulse machinacion.*

Als Prädikatsbestimmung mit *être* ist betontes possessives Pronomen noch jetzt im Gebrauch (Diez III, 62); allerdings fordert die jetzige Sprache den Artikel, welcher in der älteren Sprache und noch im 18. Jahrh. allgemein ausfiel (Gessner I, 22; Mätzner Gr. 168), wenngleich schon im 16. Jahrh. einige Grammatiker für die moderne Wendung eintreten (Palsgrave p. 346). 312, 14 *mesmes tout ce qui est sien en pluseurs cas.* V. 4141 *les choses qui ne sont pas siennes.* 32, 27 *j'ay mes biens avec moy, nul autre n'est mien.* V. 5620. 66, 4. 77, 7. 90, 15.

Im Altfranz. und noch im 16. Jahrh. war es Gebrauch, das Personale mit *de* statt des Possessivs zu setzen (Gessner I, 23; Diez III, 70; Haase, Rob. Garn. p. 10.) V. 2521 *mais la beauté d'elle descripre.* 249, 7 *et pour ce que moy bien informée treuve que les biens de luy se puent assez conduire par ces trois graces.* 244, 5 *à la loange de toy.* 125, 1 *la quelle chose appert par le remuement de luy vers son object.* 267, 8, 11; 284, 8. 298, 23. 303, 20. 322, 4. 3, 21. 5, 21. 20, 27. 120, 2.

Zwei Possessivpronomina dürfen im Nfr. nicht gleichzeitig vor das Substantiv treten, welcher Gebrauch schon im Altfranz. besteht (Gessn. I, 23). z. B. 106, 6 *et si y avoit tant de bons amis cardinaulx qui jadis furent serviteurs de ces prédécesseurs et les siens.*

Die **Feminienformen** *ma, ta, sa,* welche vor vokalisch anlautenden Wörtern im Neufr. durch die Masculinform ersetzt werden, werden noch im 15. Jahrh. neben einander angetroffen. Bei Chr. findet sich noch 10 mal Anwendung der Femininform statt der Masculinform. V. 2624 *par m'ame.* V. 2890. 3184; 10, 16 *à m'entencion.* 3095. P. I, 13 *s'amour et s'aliance.* 126, 15 *en s'opperacion.* 138, 1 *s'enfermeté.* 253, 14 *s'espouse.* 284, 26. 25, 4.

Das possessive *leur* war in der älteren Sprache als Pluralbezeichnung ganz allgemein im Gebrauch; während Froissart fast regelmässig die beiden Numeri unterscheidet, zeigen unsere Texte noch vielfach pluralisches *leur,* welches vereinzelt noch im 17. Jahrh. anzutreffen ist (Gessn. I, 20). z. B. 262, 2 *légiérement tournent leur pensées à maulvaiz consauls.* 276, 1 *peut et doit estre exemple d'ensuivir leur meurs.* 278, 1 *femmes, vefves ou autres qui eussent a faire, povoyent la bailler leur requestes.* 262, 11. 274, 23. 31, 18 etc.

c) Demonstrativum.

Das Altfranz. kannte als Neutrum des Demonstrativpronomens nur die Form *ce,* für welche mit dem 16. Jahrh. *cela* und *ceci* eintritt (Gessner I, 31; Darmest. § 157; Arch. 49, 186; 61, 254). Als Subjekt vor *être* war es im Altfranz. auch entbehrlich, während es im Neufr. stets stehen muss (Chassang § 272. Rem. II; Nfr. Zschr. IV, 145). Bestimmte Regeln werden zuerst von den Grammatikern des 17. Jahrh. gegeben (Nfr. Zschr. IV, 145). Hervorzuheben ist ferner, dass es sogar mit seinem Prädikatssubstantiv in der Geschlechtsform übereinstimmte (Gess. I, 35). Bei Chr. lässt sich diese Erscheinung durch 2 Beispiele belegen. V. 1769 *et cil est le ciel tiers.* 23, 23 *et ceste est la plus principal.*

Als **Subjekt** findet sich neutrales *ce* vor Verben, wie: 250, 13 *ce nous appert expérience manifeste.* 12, 4. 340, 13 *ce serve pour partie de preuve.* V. 2825 *quant ce fu fait.*

V. 6148 *comment ce advint, est assez notoire.* 122, 2. V. 3934 *et l'autre dit que ce plaisoit a Chevalerie.* 35, 3 *le deuxieme dist que ce ne debvoit valoir.*

Archaisch steht *ce* im Neufr. nur noch in den Wendungen *ce (me) semble* und *ce vient* (Plattner § 320, Anm. 2); in der letzteren Anwendung findet es sich 2 mal bei Christine V. 384 *et ainsi pensoie en cel estre dont ce vient* und 343, 22 *qui fu capitaine, qui y ala et par qui ce vient;* dagegen ohne *ce* 370, 10. 35, 6. 50, 20. 56, 1. 72, 19.

Als Akkusativ hat sich *ce* auch im Neufr. 1) nach einigen Präpositionen erhalten, welche nur in der scherzhaften Rede gebraucht werden (Plattner § 320, Zusatz). Aus unseren Texten führen wir an: V. 639 *pour ce.* V. 1106. 1314. 273, 10. 44, 420; 259, 14 *en ce.* 272, 19 *avec ce.* 281, 8. 301, 16. 278, 5 *aprés ce.* 272, 15, 19. 305, 26 *par ce.* 309, 21 *non obstant ce.* 317, 12 *sur ce.* 271, 5. 2) bei Verben: V. 2910 *ce fait elle.* V. 2916 *ai-je ce fait et commis ces crimes mortelz?* V. 231. 1269. 1353; 276, 3 *ce povez vous savoir.* V. 612 *ce luy prophetisay de bouche.* V. 1331 *ce veu.* 373, 4 *et ce ay-je veu de mes yeulx.* 379, 8 *saulve la révérance de ceulx qui ce vouldroyent approuver.* V. 2538 *ce croy je.* 3867; 377, 16 *que flaterie m'a ingérée à ce dire.* 382, 30 *Codrus qui ot ce entendu.* 319, 3 *ce scavoient assez de ses privez preudes hommes.* 333, 18 *et qui ce veult à droit noter.* 366, 18 *se maladie ne l'eust de ce empéchié.* 11, 7 *qui ce tesmoignent.* 334, 10; 14, 10 *qui ce consentiroit.* 107, 23 *pour ce signifier.*

Archaisch steht *ce* im Neufr. als Objekt in der eingeschalteten Rede (Lücking § 229, II, 2); in der älteren Sprache kam es in dieser Verwendung häufig vor, wenngleich es bei Villeh. gar nicht und bei Joinville nur einmal angetroffen wird (Haase p. 29; Gessner I, 36). Christine bietet hierfür 19 Beispiele: 58, 15 *je ne sçay, ce dit le Roy en signorie felicité, excepte en une séule chose.* 59, 17. V. 1330. 3005. 3216. 5167. 5809. 23, 12. 32, 26. 40, 21. 53, 17. 54, 17. 123, 21. 134, 1. 394, 7. V. 2774 *ce pensez.* 120, 14 *ce récite.*

Die von *iste* abgeleiteten Formen *cest, cestuy* und auch die von *ille—cell, celui* wurden in der älteren Sprache substantivisch wie adjektivisch gebraucht; *cest* und *cel* haben vorzugsweise adjektivische Geltung. Mit dem 13. Jahrh. treten adjektivisches *cestui, celui* in den Vordergrund und da mit dem 14. Jahrh. *cist, cil, cel* immer mehr zurückweichen, so ist mit dem Ende des 15. Jahrh. *celui* die einzige Form für den masculinen Singular im substantivischen und im adjektivischen Sinne, während *cest* und *cestui* weiter fortbestehen; ersteres nur in adjektivischer Geltung, letzteres in substantivischer und adjektivischer. *celui* erhält sich als Adjektiv bis ins 17. Jahrh.; *cestui* kommt gleichfalls noch in diesem Jahrh. vor, um von da an seine Existenz aufzugeben (Gessn. I, 28). Beispiele für die aus *iste* abgeleiteten Formen bei Christine sind: a) in substantivischer Verwendung V. 1672 *mais par cestuy yras, amie.* 299, 11 *cestuy fist abbatre ses maisons pour ce qu'elles estoyent plus haultes que ses voisins.* 315, 22 *cestui, pour sa grant charité, le voult Dieux encore sauver.* 35, 11 *cestui gaitta tant que il vit le Roy et le chancelier.* V. 922 *a ceulx qui n'ont ceste aprise.* V. 652. 932. 304, 1. 125, 10. 367, 19. 371, 20. 393, 14.

b) in adjektivischer Bedeutung V. 37 *ay fait presentement cestui dictié que j'ay en termes mis.* 257, 23 *en l'an de grace mil trois cens soixante et quatre cestui sage Charles roy fu couronné.* 266, 8 *depuis fu cestuy Themiscodes le patron et le soustenail de tout le pays.* 311, 5 *cestuy cas et la veritable vertu de nostre roy me ramentoit la loange du vaillant preudomme Regulus.* 258, 24. 259, 4. 273, 20. 283, 15. 307, 16. 312, 8. 314, 24. 318, 13. 371, 18 etc.

Die von *ille* stammenden Formen lassen sich bei Christine belegen 1) in substantivischer Geltung a) als Nominativ: 251, 17 *de qui celluy est descendus.* 252, 23 *que yceulx couronnerent à primier roy de France.* V. 225 *cil tout bien leur pourchacoit.* 276, 8 *ycelluy avoit en sa chapelle une chandoille ardent.* 257, 10. 258, 13. 269, 27. 271, 9. 287, 12. 290, 20. 299, 9. 301, 3. 302, 1. 302, 17. 304, 9. 305, 8. 306, 10. 310, 30. 313, 22. 314, 13. 320, 23. 321, 12. 322, 25 etc. b) als Akkusativ: 252, 18 *obviant à l'empire de Romme contraignant yceulx à servitude de treu.* 274, 13 *fist eslire en sa court de parlement les plus notables juristes en quantité souffisant et yceulx institua et estably du coliege de son noble conseil.* 303, 8 *aprés celluy nous ommes pire.* 265, 6. 269, 15. 294, 2. 300, 18. 305, 27, 28. 320, 14. 321, 22. 324, 21 etc.

2) in adjektivischer Verwendung a) als Nominativ: 268, 12 *avec la ceve de l'arbre croissent yceulx boutons.* 268, 14 *et ycelle doulce saison leur procure feuilles.* 272, 24 *où yceulx flateurs le souloyent instruire.* V. 486 *et celle dame adont s'arreste coste l'esponde de mon lit.* 253, 15. 260, 1. 266, 17. 274, 9. 289, 10, 19. 295, 21. 297, 5. 303, 4. 305, 20. 308, 13. 315, 17. 317, 8. 322, 19. V. 475. 916. 1110 etc.

b) als Akkusativ. V. 185 *le jour que j'oz cel opprobre.* V. 1015 *vois-tu celle place flourie?* 247, 3 *Charles quint d'icelluy nom.* 286, 3 *la contenance de celle dame louée.* 245, 2. 252, 25. 253, 3, 19, 23; 255, 5. 260, 11. 262, 9, 10; 277, 8. 282, 14. 284, 20. 288, 13. 289, 8. 294, 7. 295, 11. 296, 13. 307, 14. 310, 2. 316, 24. 319, 8 etc.

celui im Plural mit folgendem *de* vor einem Substantiv zur Vertretung von *hommes*, welches altfr. ist und sich noch im 17. Jahrh. nachweisen lässt (Gessner I, 32; Voiture List. p. 7; Nfr. Zschr. IV, 147; Haase, R. Garn. p. 10), kommt bei Christine an folgenden Stellen vor: 266, 2 *ceuls d'Athenes.* 383, 5; 311, 9 *ceuls de Carthage.* 311, 12, 14, 16; 37, 18 *ceuls de Perse.* 278, 25 *de ceuls de son royaume.* 412, 2 *lesquelz Anglois moult dommagoyent mesmes ceuls du pays et Françoiz.* 412, 15 *les ennemis et ceuls de l'ost.* 413, 4, 7, 24; 409, 16. 410, 15. 400, 21. 417, 3 *ceuls du chastel.* 417, 14 *ceuls d'Aulroy.* 393, 10 *ceuls de vilages.* 393, 20 *ceuls du peuple.* 75, 5 *ceuls de Paris.* 18, 12. 72, 26. 368, 27. 389, 3. 415, 21. 416, 4, 6. 423, 21. 424, 15, 22, 24, 26.

Die angeführten Beispiele zeigen, dass die zu dem Demonstrativ tretenden Substantive meist Städte-, Länder- oder Appellativnamen sind; auch kann der Anschluss durch Adverbien oder adverbiale Ausdrücke vermittelt werden (Gessner I, 32). 409, 21 *ceuls à pié et ceuls à cheval.* 33, 6 *ceuls de dedens.* 344, 15. 396, 19. 416, 16, 21. 419, 20. 424, 21; 424, 13 *ceuls de dehors.* 416, 10 *ceuls de hors.* 423, 22 *ceuls du dehors.*

Der Genetiv des demonstrativ Pronomens dient bisweilen zur Wiedergabe des Possessivpronomens; so in 250, 31 *si convient encore que sagece aie l'administracion et gouvernement de ceste digne union, autrement tost seroit desprisé; car sans le conduit d'icelle, nulle vertu n'aroit lumiere par quoy le bon nom fust apperceu.* 259, 5 *sera un petit divulgué en cestuy chapitre des propriétez d'icelle* . . . . . 289, 11 *fu celluy Charles pillier d'icelle.* 301, 6. 324, 13. 322, 4.

d) Relativum.

Das Neufranz. unterscheidet streng den Nominativ des Relativpronomens *qui* von dem Akkusativ *que*; im Altfranz. war dies zwar auch der Fall, doch lassen sich auch Übergriffe der einen Form in die Functionen der anderen nachweisen, wofür noch das 15. und auch das 16. Jahrh. Beispiele bieten (Gessn. II, p. 1. 2). Belegstellen für Chr. sind: 264, 12 *que est honneur et que est honte.* 287, 10; *et elle, de sa partie, en luy portant l'onneur et révérance que à son excellance appartenoit, semblablement faisoit.* V. 4111.

Für den *casus obliquus* hatte die ältere Sprache *cui*, welches auf Personen und Sachen angewendet wurde und als Singular sowie auch als Plural vorkam. Im 14. Jahrh. war es noch zahlreich vertreten, vereinzelt war es noch im 15. Jahrh. im Gebrauch; über dasselbe hinaus erscheint es nicht mehr (Gessn. II, p. 4; Haase p. 45. 46). Unsere Texte bieten 2 Beispiele für *cui* 122, 2 *et pour ce dit Tholemée, que cil est eureux, cui il ne chault en qui main est le monde* und V. 3564 *la royne Jehanne de Naples cui Charles de la Paix mains chapples fist.*

Soll das Neutrum des Relativs auf einen ganzen Satz bezogen werden, so ist im Neufr. das demonstrative *ce* vor solchem notwendig; im Altfr. genügte das Relativum an sich schon; das antecedente *ce* tritt in den ältesten Sprachdenkmälern zwar vereinzelt auf, wird aber erst im 14. und 15. Jahrh. häufig, wobei zu bemerken ist, dass der altfr. Gebrauch sich bis ins 17. Jahrh. hinein erhalten hat (Gessn. II, 11; Chassang p. 289; Nfr. Zschr. IV, 146).

Die relative Verknüpfung mit *ce qui* findet sich bei Christine 279, 7 *là ordenoit ce qui estoit à faire*. 255, 20. 84, 21. 291, 17. 293, 11, 12. 300, 24. 305, 22. 323, 5. V. 515. 2519. 603. 711. 259, 26. 812. 1154. 1368. 1549.

Das determinative *ce* fehlt 264, 12 *que est honneur et que est honte*. 279, 14 *aprés les quelles il estoit retrait et aloit reposer qui duroit comme une heure*. 265, 8 *car ilz ne scevent qu'ilz font*. 30, 27 *le Roy qui vid leur grant sapience, leur demanda qu'ilz vouloyent avoir*. V. 1571 *moult regarday qu'elle voult faire*. V. 2583. 4433. 5413.

quoy erscheint im Altfr. nicht häufig; erst vom 15. Jahrh. an wird es allgemeiner; vom 17. Jahrh. an tritt es wieder zurück und wird im Neufr. nur auf unbestimmte Pronomina bezogen (Diez III, 337). Im Altfr. konnte es sowohl im Singular als auch im Plural auf Sachen vornehmlich, aber auch auf Personen bezogen werden (Gessn. II, 4; Nfr. Zschr. IV, 149; Arch 49, 188). Auf Sachen angewandt, findet es sich 248, 17 *me dit et déclaira la maniere et sur quoy luy plaisoit que j'ouvrasse*. 304, 14 *les libéralitez à quoy elle instruit* . . . V. 2425 *si avoit ses piez sus pluseurs outilz appuiez de quoy on fait diverses ouvrages*. 251, 1. 254, 25. 264, 23. 265, 18. 272, 14. 291, 12. 37, 25. 37, 27. Auf Personennamen nur 313, 25 *celluy, avisant que maintes manieres de gengleurs et flateurs seulent par leurs gengles, actraire les cueurs des princes par quoy reçoivent de riches dons, robes ou joyauls*.

lequel, für welches das Altfr. *cui, quoy* hatte, tritt erst mit dem 13. Jahrh. häufiger auf; von da an nimmt es immer grössere Ausdehnung an, bis es im 17. Jahrh. in seinem Gebrauche eine Einschränkung erleidet. Im 15. Jahrh. und auch im 16. Jahrh. werden *lequel* und *qui* unterschiedslos angewandt (Gess. II, 6; Becker p. 20; Nfr. Zschr. IV, 148 Anm. 6) z. B. 265, 11 *Valere raconte de Polémon le philosophe lequel en sa juenece fu sanz nul frain habandonnez à luxure*; dagegen 406, 22 *affinque un chascun homme d'armes se sache retraire soubz qui il est commis.* Nach Präpositionen findet sich *lequel* sowohl auf Personen als auch auf Sachen angewandt.

a) **auf Personen** 252, 11 *se partirent pluseurs barons nez de la lignie royal . . . . entre lesquelz un appellé Francio . . . . avec sa compaignie . . . . fonderent la cité de Sicambre* 258, 17 *princes françoiz, auxquelz pour la blancheur de leur glorieux estre, appert petite tache, se en eulx est, plus que trés grant autre part ne feroit.* 287, 17. 297, 3.

b) **auf Sachen** 271, 8 *trouvoye que ce estoit pour l'appetit encore demouré en l'affeccion et non en puissance de l'accomplir des délis ésquelz juenece s'encline.* 283, 5 *se doit tenir et mener le trés digne degré de la haulte couronne de France, à la quelle toute magnificence souverainne est deue et pertinent.* 246, 27. 248, 14. 258, 11. 259, 26. 261, 11. 262, 16. 263, 8. 264, 19. 273, 20. 278, 2. 279, 3, 22. 280, 8, 9. 292, 18. 298, 14. 305, 16.

Für attributiv gebrauchtes *lequel* lassen sich zahlreiche Beispiele anführen. Neufr. ist dieser Gebrauch fast ganz verschwunden, während er im Mfr. ganz allgemein war (Gessn. II, 6). 246, 14 *Phelippe filz de Jehan par la grace de Dieu roy de France, par lequel commandement ceste dicte oeuvre ay emprise.* 249, 20 *la quelle noblece se puet descripre et prouver par trois raisons.* 304, 8 *lequel commandement accomplir seroit impossible.* 246, 23. 247, 3. 251, 3. 253, 1, 25. 254, 12, 16, 21. 257, 17. 258, 16. 259, 9. 268, 6. 270, 11. 272, 25. 273, 24. 275, 5, 11. 286, 18. 289, 17. 302, 24. 304, 8, 18. 305, 8, 11. 322, 3.

Mit *chose* vertritt *la quelle* oft ein neutrales Relativ z. B. 293, 32 *de tous mesfais se vueulent vengier la quel chose est encontre l'ordre des sages.* 300, 29 *se leva en tel orgueil et arogance que il se reputa comme per à Dieu; pour la quel chose la divine poissance tant l'umilia que . . . .* 379, 17; 317, 21 *la quelle chose n'est mie sanz grant merveille.* 319, 8. Nach dem Vorbild des Lateinischen wurde das Relativ zur Verknüpfung der Sätze, namentlich im 15. und 16. Jahrh. angewandt, vereinzelt noch im 17. Jahrh. (Gessn. II, 7; Becker

p. 20; Nfr. Zschr. IV, 150). 257, 17 *la quelle loy pour l'augmentacion de vertu, pleust à Dieu que* .... 280, 10 *en yver, par espécial, s'occupoit souvent à oyr lire de diverses belles ystoires, de la saincte Escripture, ou des fais des Romains, ou moralitez de philosophes et d'autres siences jusques à heure de soupper, au quel s'asseoit d'assez bonne heure et estoit légierement pris; aprés lequel une piece s'esbatoit.* 282, 29 *les quelles serimonies royales n'accomplissoit mie tant au goust de sa plaisance.* 311, 2. 312, 6.

Substantivisches *qui* im Sinne vom latein. *si quis* (vgl. die Abh. v. Diez III, 384; Mätzner II, 249) findet sich V. 1605 *par tout le monde, qui voulsist.* V. 3248 *car nulz n'osera fors la paix demander, car moult bien deffendre se saroit qui vouldroit l'offendre.* V. 4287 *et deffendra des ennemis cellui pais qui l'assauldroit.* V. 1884. 4856. 30, 21.

où als relatives Adverbium konnte in der älteren Sprache auf Personen und auf Sachen angewandt werden. Auf Personen bezogen findet es sich noch im 17. Jahrh. (Nfr. Zschr. IV, 152) und auf Sachen hat es erst in neuester Zeit erhebliche Einbusse erlitten (Chassang § 260. § 364 Rem. II; Gessn. II, 10). Eine Beziehung auf Personen findet sich nur 32, 5 *les clercs, où a sapience, l'on ne puet trop honorer;* auf Sachen: 259, 2 *c'est assavoir la matiere où nous sommes entrez.* 305, 3 *et à toutes choses où l'office d'amour démonstre son effect.* 317, 5 *et, entre les plus notables choses, fu trouvée une petite ampolle, où avoit escript grec et latin.* 254, 2. 259, 20. 262, 24. 269, 12, 13. 272, 23. 274, 16. 282, 24, 26. 298, 26. 312, 25. 313, 6. 316, 19.

Bisweilen konnte im Altfr. zu *où* noch ein anderes Adverb treten, um den darin liegenden Begriff stärker hervorzuheben (Gessn. II, 10) z. B. mit *là* 300, 5 *là où telle matiere est touchée.* 304, 9 *là où ycelle seroit chose est hors usage.* 321, 13 *pour donner là ou discrétion luy monstre qu'il soit bien employé.*

dont als Adverbium des Ortes wird noch im 17. Jahrh. angetroffen und wurde erst von Vaugelas und Th. Corneille auf seinen heutigen Gebrauch eingeschränkt (Gessn. II, 10;

Chassang § 259 Rem.). 259, 11 *comme de sa nature elle tende au lieu dont elle est venue;* im übrigen ist es pronominal gebraucht z. B. V. 329 *moy merveillant dont puet venir qu'on ne se puet en paix tenir.* V. 673 *signifians divers misteres dont vous vient tel humilité qu'à moy par tel benignité manifestez vostre plaisir.*

e) Indefinitum.

aucun, welches seit dem 15. Jahrh. dazu dient, die Bedeutung von *nul* zu ersetzen, hat ursprünglich positiven Sinn; in dieser Verwendung ist es auch noch häufig im 16. Jahrh. und vereinzelt auch im 17. Jahrh. anzutreffen (Gessn. II, 25; Darmest. § 171; Becker p. 23); selbst noch im Neufr. hat es seine ursprüngliche Bedeutung in der Wendung *d'aucun disent* bewahrt. Mit dem 15. Jahrh. tritt neben *aucun* auch *quelque* auf, welche gemeinsam den Begriff von „einige" darstellen. (Gessner II, 24).

aucun erscheint wie im Altfranz. substantivisch und adjektivisch. Substantivisch: 34, 1 *aprés ce, les aucuns de ses gens, qui virent qu'il n'en disoit autre chose, vont dire . . .* V. 2140 im Relativsatz *dont les aucuns me deplaisoient.* 290, 5 im Bedingungssatz *et se, au contraire, luy venist à cognoiscence d'aucun de ses justiciers . . .* 257, 15. 267, 12. 306, 22. adjektivisch: V. 5873 *et dit que aucune fois estoit que bien quatre paire dictoit de lettres de pluseurs matieres a diverses gens et entieres.* 393, 7 *et mesmement, sont aucuns aucteurs qui dire veulent.* 263, 24. 271, 1. 277, 12. 278, 4, 6, 7. 279, 23, 24, 27. 281, 10, 13, 19. 286, 19. 287, 1. 293, 4. 298, 14. 313, 8. 316, 7. 338, 1. V. 3176.

chacun wurde in der älteren Sprache substantivisch und adjektivisch gebraucht; erst mit dem 16. Jahrh. tritt für adj. *chacun* die Form *chaque* auf, welche Palsgrave und Rabelais noch nicht kennen (Palsgrave p. 361; Rabelais: Radisch Pron. p. 52); vereinzelt lässt sich *chacun* in adjektivischer Verwendung noch im 17. Jahrh. nachweisen (Gessn. II, 26).

Beispiele für **substantivisches** *chacun* sind 267, 13 *que chascun soit un roi et chascun soit un monde.* 356, 5 *le* *quel dit ayde peut chascun veoir.* 267, 8. 274, 11. 279, 1. 291, 5. 305, 28. 313, 16. Adjektivisch: 259, 13 *chascune chose desire estre conjoincte avec son principe.* V. 133 *mais mon grief dueil renouvelle chascun jour ne plus ne mains . . .* 251, 9. 277, 22, 24. 300, 24. 313, 14.

Auch in Begleitung des unbestimmten Artikels konnte *chacun* sowohl substantivisch als auch adjektivisch vorkommen, was ganz gewöhnlich im 16. und auch noch im 17. Jahrh. der Fall ist (Gessn. II, 27; Nfr. Zschr. IV, 105; Chassang § 265; Haase, Rob. Garn. p. 26). 124, 26 *une chascune mois est materielle.* 126, 15 *comme une chascune chose soit adonc perfecte en s'oppéracion.* 264, 22. 335, 15.

nul entspricht von jeher dem heutigen *aucun* und hat im Alt- und Neufranz. substantivische und adjektivische Geltung (Perle p. 16). 251, 1 *car sanz le conduit d'icelle, nulle vertu n'aroit lumiere par quoy le bon nom fust apperceu.* 261, 11. 265, 11. 267, 23. 281, 4. 288, 24. 290, 23.

substantivisch gebraucht 263, 12 *croy que pou ou nulz soyent exceptés.* 264, 20 *par quoy ne doit nul rendre à aultruy juene correccion hayneuse ne en despit.* 265, 27. *pour ce, n'est nul qui sache la voye que homme tendra à la fin.* 260, 20. 266, 10. 282, 20. 289, 3.

nul in positiver Bedeutung (vergl. Mätzner Syntax I, 410; Perle p. 16) erscheint nach einem Komparativ in 250, 8 *ayes cures de bon nom, car il te remeindra plus que nul trésor précieux.* 304, 1 *et ainssy se moquait des Dieux, non mie par oppinion que ceste loy fust faulse, mais par le grant orgueil de luy, qui le faisoit si oultrecuidier il présumoit sa poissance plus grande que nulle déité;* nach *sanz* 290, 24 *le fist prendre sanz nul respit.* 310, 28. 350, 22. Hervorzuheben ist noch die Akkussativform *nullui*, welche nur substantivisch auftritt; unsere Texte bieten hierfür 3 Beispiele V. 74 *par le quel sanz autre nullui je vivoie joieusement.* V. 253 *si ne se doit nullui troubler.* V. 6126 *car a nullui tort ne feissent.*

maint, welches heute nur noch als Adjektiv verwandt wird, war in der alteren Sprache auch substantivisch anzutreffen, selbst noch im 17. Jahrh. (Gessn. II, 27; Chassang § 208, 6. Rem.). **Adjektivisch gebraucht:** V. 224 *ont eu maint dure aventure.* V. 541 *mains biaux vers furent par nous fais.* V. 524. 687. 733. 248, 18. 249, 11. 252, 2. 255, 8 etc. substantivisch: 249, 15 *nostre bon roy fist à de ses princes subgiez et à maint de ses citoyens et autres esté ses adversaires retournez à mercis.* V. 376. 263, 4. 266, 11.

Von *autre* ist der casus obliquus *autrui* hervorzuheben, welcher heute namentlich nach Präpositionen steht, in der älteren Sprache aber auch als direktes Objekt vorkam (Gessner II, 23. Diez III, 82; Chassang § 266; Tobler Verm. Beiträge p. 57 Anm.). Christine gebraucht *autrui* nur V. 3892 *et sont raemplis d'autrui avoir.* 264, 24 *par quoy ne doit nul rendre à aultruy juene correcion hayneuse ne en despit.* 299, 1 *car la princé ou seigneurie sus aultruy n'est mie deue au sang, mais aux vertus.* Im Sinne von *le bien d'autrui*, welches sich bis zum Ende des 16. Jahrh. erhalten hat, findet es sich V. 4428 *mais les chevaliers qui se faire doivent se pour l'autrui soustraire le font, ilz oeuvrent malement* .... V. 5966 *que le prince liberal n'est qui de l'autrui donne et revest.* 321, 11 *le prince n'est mie libéral, qui de l'autrui fait ses largeces.*

quant als Adjektiv war noch bis Mitte des 16. Jahrh. ganz allgemein im Gebrauch (Darmest. § 168; Gessn. II, 31) Beispiele sind: 36, 13 *si se parti et absenta ne sçay quans jours.* V. 4990 *et quantes choses sont basties.* 28, 9 *quans livres il avoit.* 128, 4 *quans grands effects avienent.* 62, 3 *quans nobles princes.* 292, 21. V. 4982.

An dieser Stelle ist zu erwähnen *quanque*, welches meist in verallgemeinerdem Sinne angewandt wird (Gessn. II, 31). V. 1288 *et trestout me voult exposer quanque veions.* 35, 15 *où il pot oyr tout quanque le Roy et le chancelier disoyent.* V. 1295. 6106. 269. 20. 288, 22. 77, 6.

moult als Stellvertreter von *beaucoup* war in der älteren Sprache als Adjektiv im Gebrauch (Gessn. II, 29; Chassang § 147). Als solches ist es noch im 16. Jahrh. und heutzutage dialektisch (Dialekt von Metz) anzutreffen (Hammesfahr p. 24). 284, 16 *dont il bastit de moult beauls et notables chasteauls et esglises;* zeigte sich daneben schon frühzeitig als Adverb, z. B. 18, 21 *se, en un pays, a moult de trés riches hommes et moult de trés povres ensemble*. . . . 344, 18. 348, 25. 367, 13.

peu lässt sich in den ältesten Denkmälern bisweilen in adjektivischem Gebrauche nachweisen; dasselbe liess sich durch altfr. *petit* ersetzen, als welches es noch im 16. Jahrh. anzutreffen ist (Chass. § 360; Gessn. II, 30); z. B. V. 447 *et par un petit travallier.* V. 503. 261, 7. 259, 4 *sera un petit divulgué.* V. 716. 254, 27. 259, 23. 393, 28; 397, 16 *petit à petit* 268, 11, welche Wendung noch dem Neufranz. eigentümlich ist.

auques tritt vorzugsweise als Adverb auf, konnte aber auch als Neutrum vorkommen (Gess. II, 22; Hammesfahr p. 28). Bei Christ. erscheint es nur als Adverb; so V. 295 *si fus aucques hors de l'esmay.* V. 1712 *car aucques tout le coeur me fault.* 12, 8, 9. 144, 15. 392, 10. 415, 5.

Das ausser Gebrauch gekommene altfr. neutrale *que* . . . . *que*, welches bei Villeh. und Joinville noch häufig anzutreffen ist (Haase p. 54), findet sich bei Chr. nur 3 mal (vergl. hierzu Tobler V. B. p. 11). 101, 5 *la furent quinze que arcevesques que evesques.* 349, 20 *conquesta, celle saison, en Guienne jusques au numbre de six vingts et quatorze que villes que chasteaulx et autres grosses et notables fortresses.* 391, 11 *la prist et y ot que mors que pris, environ quatre cens hommes Anglois.*

V. Zahlwort.

Im Neufranz. werden die Kardinalzahlwörter mit Ausnahme von *vingt et un, trente et un* u. s. w. unmittelbar an einander gereiht, während im Altfr. die Verknüpfung meist durch *et* geschieht (Rom. St. V, 384; Knösel p. 25. 28; Haase p. 63; Plattner § 161, 5), so 29, 2 *soixante et douze.* 78, 11 *quatre vingt et treize.* V. 187 *c'est an mille quatre cens et deux.* 257, 22 *mil trois cens soixante et quatre.* 349, 19 *six vingts et quatorze;* ohne *et* 28, 26 *soixante douze.* 137, 3 *mil trois cent quatre vingt.* 352,18 *mille vingt trois ans.* Eine Verknüpfung durch *et* unter den Tausenden u. Hunderten einerseits und Hunderten und Zehnern andererseits (wofür Beispiele Villeh. u. Joinville bieten, Haase p. 63) lässt sich für Christ. nicht nachweisen.

vingt, welches im Neufr. nur noch mit *quatre* multipliciert wird, wurde bis ins 17. Jahrh. hinein zur Multiplikation auch mit anderen Zahlen verwandt (List, Franz. St. I, 10; Mätzner Gr. 138; Knösel p. 25; Haase p. 64). In unseren Texten findet eine Multiplication nur mit *six* und *neuf* statt. z. B. 311, 10 *serpent qui avoit six vingts piez de long.* 349,19 *conquesta jusques au nombre de six vingts et quatorze que villes que chasteaulx.* 78, 7 *lui présenterent une nef pesant neuf vingts et dis mars d'argent.*

vingt und *cent* nehmen im Altfr. nicht nur das pluralische *s*, wenn sie mit einer anderen Zahl multipliciert werden, sondern auch dann, wenn sie auf Zehner oder Einer folgen (Knösel p. 26; Darmest § 182; Haase p. 64); für *vingt* haben wir schon angeführt 311, 10. 349, 19. 78, 7. Beispiele für *cent* sind: 34, 9 *deus cens mille armez.* 257, 22 *mil trois cens soixante et quatorze.* 34, 10. 137, 3. V. 187. 2180.

Was die Schreibweise von *mille* anlangt, so war diese im Altfr. schon geregelt (vergl. Knösel p. 27). Villeh. und Joinville bedienen sich bei Jahreszahlen der Form *mil* (Haase p. 64), ebenfalls Christine 137, 3 *l'an mil trois cens quatre vingt.* 257, 22 *en l'an de grace mil trois cens soixante et quatre;* dagegen V. 187 *c'est an mille quatre cens et deux* V. 2180 *c'est an mille quatre cens et un.*

Wird *mille* mit einer anderen Zahl multipliciert, so hat Villeh. vorwiegend *mil*, Joinville vorwiegend *mille* (Haase p. 64). Christine zeigt nur *mille*, z. B. 16, 13 *cent mille.* 306, 12 *quarante mille.* 337, 21 *trois mille.* 394, 1 *trente mille.* 406, 16 *dix mille.* 28, 11. 34, 9, 10. 49, 8. 63, 11. 70, 7.

Tritt keine multiplicierende Zahl vor *mille*, so schreiben Villeh. und Joinville *mil* (wie *mil* ursprünglich nur Singular war), während unsere Texte beide Formen *mil* und *mille* aufweisen; erstere V. 537 *mil ans* V. 581. 792; letztere V. 578. 253, 18 *mille vingt trois ans.*

Der altfr. Gebrauch, das Ordinalzahlwort zur Bezeichnung des Datums und zur Unterscheidung von Regenten gleichen Namens zu verwenden, hat sich bis ins 17. Jahrh. erhalten (Darmest. § 183; Mätzner Synt. I, 458), z. B. Fol. 43 *c'est assavoir la Royne Jehanne, la Royne blanche, la Duchesse d'Orleans, fille jadis du Roy Charles quatriesme.* 253, 21 *nez fu . . . . vingt uniéme de janvier.* 96, 10. 326, 17. 326, 27. 363, 23. 365, 13. 366, 8. 366, 28. 419, 11.

VI. Das Verbum.

a. In unseren Texten werden unpersönlich gebraucht:
il estuet V. 699 *mais lever m'estuet prestement.* V. 2045 *ainsi de la m'estut partir.*

il m'anuie V. 2026 *fille se mille ans fusses cy, je croy, anuie qu'il ne t'y anuieroit mie.* V. 4298 *que froit ne fain ne leur anuie a souffrir et toute mesaise,* dem steht entgegen die persönliche Konstruktion V. 178 *mais tost j'e m'anuiay d'eulx.* 324, 3.

il me poise = *je me fâche.* V. 4079 *ma dame, certes il me poise, dist sagece.*

il convient und *il souvient* waren im Altfr. nur unpersönliche Verben, im 16. Jahrh. waren dieselben schon als persönliche Verben eingebürgert; unpersönliches *il souvient* findet sich noch im 17. Jahrh. (Chassang p. 325); unpersönlich findet sich *souvenir* V. 1338 *mais tout ades me souvenoit du bon mot qui vault en tel cas.* V. 44. 628 etc. *convenir:* V. 1306 *le bien ou il convient monter.* V. 358. 360. 920. 930. 1565. 2027. 2047. 250, 25; persönlich nur 119, 2 *et ainssi comme toutes les ars et science se conviennent à une souveraine.*

afferir wird meist unpersönlich gebraucht; so V. 5133 *Aristote qui dit qu'il affiert que le sage soit roy et par tel avantage affiert que saye soit le roy.* V. 6223. 119, 4. 267. 22. 272, 19; persönlich 131, 3 *car disoit-il par envie les choses qui à leur estre afferent ilz n'ont pas aceptable que les hommes sachent ne qu'ilz s'en entremectent.* V. 1949 *car ce n'affiert mie au propos de dire ce qu'ay en propos.*

chaoir kommt persönlich und unpersönlich vor: persönlich 263, 4 *non mie que je vueille dire que tous les juenes en chiéent és inconveniens susdis.* V. 1744 *si n'aies doubte que tu chées.* 262, 6. 268, 16. 269, 12. 43, 10. V. 311. 1741; unpersönlich noch im 17. Jahrh. 13, 1 *et pour ce qu'il chiet à propos de lois establir.* 276, 2.

faillir, welches im Altfr. nur unpersönlich anzutreffen ist, erscheint im 16. Jahrh. vorwiegend als Impersonale; persönlich gebraucht tritt es auf 333, 16 *et là où l'une de ces quatre fauldroit, la vertu des autres remaindroit.* V. 251. 584. 1678. 1712; unpersönlich V. 168 *pour le deuil qu'il me fault taire.* V. 1673 *monter au firmament te fault.* V. 2061 *trop s'en faillait.* P. IV, 18.

Von Verben, welche im Neufr. ihre reflexive Verwendung verloren haben, nennen wir:

s'apparaître findet sich reflexiv noch im 17. Jahrh. (Darmest § 195 d. Chassang § 282 III, 1). V. 639 *et pour ce me suis apparue cy endroit.* V. 1133 *lorsque Virgille s'apparu a lui dont il fu secouru.*

se combattre kommt reflexiv in der ganzen älteren Sprache häufig vor, ebenso noch im 16. Jahrh. (Godefr. Lexique de Corn. I, 44. Ebering: Froiss. p. 9). 391, 16 *les Anglois qui fuis s'en estoyent, se combatirent à luy et furent desconfis.* 404, 18 *les princes et les chevetains meneurs de batailles, ainsqu'ilz se combatent, doivent regarder combien ilz ont de gent.* V. 415. 19, 22.

se commencer (Chassang § 282). 36, 30 *le roi qui assez savoit, se commença trop fort à rire de celle malice.*

se consentir: 402, 27 *pour l'amour de Dieu, de bien de paix et compassion du peuple se consenti à traictié de paix.* 109, 25; in synonymer Bedeutung steht für dieses Verb *s'accorder* (Ebering: Froiss. p. 9). 57, 17 *et l'autre s'i accorda.*

se contenir: 358, 28 *en Angleterre fu prisonnier avec le roy Jehan, ou quel pays si gracieusement se contint que, mesmes au roy Edoart, à ses enfans et à tous tant plaisoit que . . . .* 372, 6 *bel se contient à cheval.*

se dormir: V. 310 *je n'oz garde de me dormir.* V. 4711

et vit comment cilz se dormoit sus sa male (Beisp. aus Froiss. Ebering p. 10); dagegen 53, 10 *les pastours ainssi le firent et puis les loups vindrent seurement et sans peur quant li pastours dormoyent et dévourerent les brebis.*

s'emplir: 304, 11 *noblece de courage se peust emplir et parfaire.*

se loger: 401, 1 *et se l'ost doit demourer grant piece ou lieu où il se loge.* 416, 18 *l'ost qui veult assieger se doit logier comme à un trait d'arc loings du chastel*; ohne *se* 290, 20 *lequel par commandement avoit logié en sa maison.* 396, 10 *qui l'alerent assaillir en un hostel où estoit logié.* 396, 15.

se partir ist als Reflexiv noch im 16. Jahrh. zu finden (Godefr. I, 49). 252, 9 *se partirent pluseurs barons nez de la lignie royal.* 310, 21 *qui partir s'en vouloit pour luy nuire et grèver.* V. 2721 *et pour ce, elle s'en départi.* 56, 20 *ainsi ilz se départirent.*

se pourpenser lässt sich bis ins 16. Jahrh. hinein verfolgen (Godefr. I, 39). 64, 19 *de la quelle chose le Roy fu moult joyeulx et en toutes manieres se pourpensa comment selon sa digneté le pourroit honnorer et festoyer*; dagegen ohne *se* 272, 12 *pourpensa comment et par quel maniere pourroit actraire et aluchier meurs virtueux.*

se prendre garde tritt vereinzelt noch im 17. Jahrh. auf (Godefr. I, 49). 54, 10 *puis dist à son varlet qu'il suivist le ribault et qu'il se prenist garde qu'il l'y avendroit.* 423, 21 *et maintefoiz aussi a l'en veu que yceulx du chastel qui bien s'estoyent pris garde que ceulx du dehors quelque heure ne fussent mie sur leur garde, puis en tel arroy sailloyent hors et grant force ardoyent les engins de leur ennemis.*

se souper: V. 4343 *et nous souper encor anuit com cy disnons ensemble tuit.*

se sourire: V. 3843 *et par moy me suis sousrise de ce que chascune auctorise ce qui luy plaist et vient à gré.*

se travaillier: 374, 20 *en toutes guises se vouldroit travaillier que tout bien fust fait et le mal laissié.*

se vivre: Poes. IV. p. 443, 12 *se tu as besoing et mestier* de toy vivre d'aucun mestier, soyes soigneux et prens en gré car ou ciel est le haut degré.

II. Einige Verben, welche heute reflexiv sind, werden bei Christine auch intransitiv gebraucht.

affaiblir: (Darmest. § 195 d; ebenso noch im 17. Jahrh. Chass. § 282 II. 2⁰) 20, 18 *et si comme les membres affaiblissent au départir de l'ame, est le royaume affaibli quant il n'est gouverné par droicturier prince.* 345, 22.

asseoir: 278, 9 *environ dix heures, asséoit à table.* 292, 13. 33, 1; dagegen reflexiv 265, 15. 280, 9.

complaindre: 290, 13 *il est escript de l'empereur Trajan que une foiz comme il fust jà montez sur son destrier pour albi en bataille, une femme, grevée de tort, à luy venue complaignant, arrestast tout son host, descendy, donnant sentence droicturiere pour la vefve.*

enquérir: 306, 1 *vouloit sçavoir et enqueroit des condicions de ses serviteurs et esprouvoit leur loyaulté.*

laver: 84, 4 *aprés ces choses, laverent le Roy et l'Empereur.*

meler: V. 1846 *car ne m'appartient a mesler des jugemens de tel clergie.*

mouvoir: V. 1883 *et pour ce les fist Dieux que trop tost mouvroit le ciel.*

noyer: V. 938 *car qui en trop profonde mare se met souvent noie ou s'esgare.*

reposer: 279, 14 *aprés les quelles il estoit retrait et aloit reposer qui duroit comme une heure.* 230, 11 *puis se retrayoit et aloit reposer.*

réjouir: 364, 11 *le peuple, d'autre part, aloit menant feste, sanz faire aucun ouvrage, resjoys de la nativité de leur prince.*

retraire: 258, 20 *ce trés sage Roy retrait des voyes d'ignorance.* 277, 25 *retrait en son oratoire.* 279, 14; dagegen reflexiv 280, 11.

taire: 54, 18 *certes, ce dist le Roy, elle n'est pas moindre de savoir bien taire.* 54, 19; dagegen reflexiv 377, 17.

III. Die transitiven Verben sind unter dem Akkusativ aufgeführt worden; es sind hier nur noch die Verben zu erwähnen, welche durch Annahme factitiven Sinnes Transitiva geworden sind (Diez III, 114). Verben, die zur Bedeutung des eigenen Factitives übergehen können, sind *monter, descendre, passer, sortir, rentrer, cesser, sonner, désespérer, apprendre;* im Altfr. *entrer, resplendir, aparoistre, descheoir* etc. (siehe hierzu Ebering: Zschr. f. rom. Phil. V, 334 ff; Haase Rob. Garn. p. 33. 34; Gaspary Zschr f. rom. Phil. IX, 425). Gaspary setzt den Uebergang zu factitiver Bedeutung in Verbindung mit der Verwendung der zusammengesetzen Zeiten in den romanischen Sprachen (Zschr. f. rom. Phil. IX, 426).

croistre noch im 17. Jahrh. transitiv gebraucht (Vaugelas Rem. 275). 268, 17 *vient la chaleur d'esté qui le fruit croist.*

mourir kommt so noch vereinzelt im 17. Jahrh. vor (Neufr. Zschr. IV. 155). 338, 12 *et furent les ennemis auques tous mors et pris.* 366, 13 *furent . . . . . desconfis quarante mille Flamans et leur capitaine mort et la plus grande partie d'eulx.*

perir: 315, 21 *et ceulx qui se meurent furent péris en mer* 315, 8. 338, 12.

saluer: 65, 15 *là lui firent la révérance et distrent que le Roy le saluoit et moult avoit joye de sa venue et désir de le veoir.* 63, 30. 68, 5.

b. Person und Numerus.

Die lateinische Regel, nach welcher die 1. Person der 2. und 3. vorangeht, die 2te der 3ten, ist durchweg in unseren Texten beobachtet worden. V. 4725 *car toy et moy perdions repos.* In 275, 12 *fu puis ma mere avec ses enfants et moy sa fille, translatez* liegt unpersönliche Konstruktion zu Grunde. Ebenso findet immer im Relativsatze Kongruenz des Verbums mit dem Beziehungsworte des Relativums statt, obwohl in der älteren Sprache und selbst noch im 17. Jahrh. von dieser Regel abgewichen wurde (Chassang § 254. Vaugelas Rem. 96). V. 1081 *et toy qui vas cy traversant.* 322, 29. 378, 25. V. 41. 2857.

Kollectiva zeigen im Altfr. das Prädikat meist im Plural, indem nach dem Sinne konstruiert ist (Diez III, 298; Mätzner Synt. I, 161; Tobler V. B. p. 189; Haase p.

79). 314, 18 *Sire, trop est grant erreur que on fait là hors, de tant de peuple mectre à mort qui riens n'ont meffait.* V. 1025 *ou la philosophique gent habitoient ou sommeton.* V. 2092 *me dist adont que ycelle gent estoient comme li sergent.* V. 892. 329, 1. 339, 28. 367, 20. 376, 3. 395, 2.

Daneben findet sich nach Kollektiven häufiger das Verb im Singular, was namentlich im 16. Jahrh. allgemein gebräuchlich ist (Darmest. § 215; Tobler Verm. Beitr. p. 191; Haase Rob. Garn. p. 39). 266, 3 *et par sa valeur fu desconfit le grant ost de Exerces, le Roy de Perse.* 366, 3 *y ala le Roy et toute sa baronnie.* 383, 1 *par désir de saulver son peuple et ost la quelle fust vainqueresse.* 356, 8 *pourquoi n'a cause le peuple de soy clamer.* 364, 10 *le peuple, d'autre part, aloit menant feste.* 381, 14.

Bei mehreren Subjekten tritt das Verb, wenn dieses jenen nachfolgt und Synonyme vorliegen, in den Singular. z. B. V. 21 *los, gloire et pris soit toujours envoyé.* 264, 10 *afinque hayne et despit ne s'engendre en leur haultains corages.* 274, 10 *desieurs qu'en son Royaume justice et équité fust bien gardée.* 270, 31 *comme la gloire et joye de soubtil et bon entendement précelle toutes aultres léesses.* 304, 5 *qu'il soit ainssi que largece et liberalité soit vertu agréable à Dieu.* 350, 15 *car la terre et contrée estoit gaste et déserte.*

Sind die Subjekte dem Verb nachgestellt, so können beide Numeri eintreten; der Plural 341, 10 *pareillement se vindrent rendre le conte d'Armegnac, le conte de l'Isle et mains autres barons de Gascogne;* der Singular 275, 12 *fu puis ma mere avec ses enfans et moy sa fille translatez en ce royaume.* 349, 3 *fu, en l'an 1374 prise la ville et le chastel de la Rochelle.* 349, 16 *et au bout de trois sepmaines se rendy et aussi mains d'autres chasteaulx et fortresses de grant nom.* 353, 15 *par celluy mariage eschéoit au duc la conté de Flandres . . . . la duchée de Bréban, celle de Lainbourc, la conté d'Artois, celle de Nevers et celle de Rétel.* 353, 6.

c. Die Umschreibungen.

aller mit dem Gerundium zur Umschreibung des einfachen Verbums war im Altfr. von ausgedehntem Gebrauch und vielfach missbräuchlich angewandt; so tritt es nicht selten noch im 17. Jahrh. auf (Franz. Stud. I, 11; Vaugel. Rem. 187; Diez III, 199—201; Stimming Zsch. f. rom. Philol. I, 220); z. B. V. 387 *se vont ensemble combatant entreocciant et abatant.* V. 401 *ains y va ainsi estrivant toute creature vivant et meismement li element.* V. 788 *ainsi de grant desir ardent aloie partout regardant les tres biaux lieux que je veoie.* V. 5670 *com fait le medecin savant que quant ne va appercevant la garison de son malade.* V. 848. 986. 1098. 1191, 1503. 1866. 2233. 2566. 2884. 3775. 3931. 3951. 4416 etc.

Ebenso wurde *venir* zur Umschreibung des einfachen Verbums verwandt, wozu unsere Texte keine Beispiele bieten (Beisp. s. b. Haase p. 101). Nicht so häufig wie *aller* kommt *être* mit dem Gerundium vor zur Umschreibung des einfachen Verbums; es findet sich so ganz gewöhnlich im 16. Jahrh. und vereinzelt auch noch im 17. Jahrh. (Darmest. § 193; List Franz. Stud. I, 11; Becker p. 25; Haase Rob. Garnier p. 47; Glauning: Marot p. 19). 117, 24 *et si aulcune des dictes deux parties fust refusant de ceste chose que* . . . . V. 3085 *pour plus amoderacion des vices qui y sont menans un tout seul prince y soit regnans comme vous et vostre conseil deliberastes au conseil.* V. 5895 *de Charlemaine les histoires content auctentiques et voires comment estudiant estoit es ars liberaulx.* V. 2194. 5122. 5207.

Zur Umschreibung der Futura wird auch *devoir* (vergl. Weber p. 10; Lücking § 299; Haase p. 99) verwandt, welches gleichfalls noch im Neufr. in dieser Verwendung vorkommt. V. 2161 *de toutes parties du monde je vi ce qu' avenir devoit.* 2186 *d'autres cometes a venir vi, en quel temps doivent venir.* V. 5754 *si voult de l'un estre grevez afinque son filz, qui regner devoit apres lui, gouverner peust le peuple au moins a un ueil.* V. 2144. 3406. 4446. 4450. 5835.

d. Bildung der zusammengesetzten Zeiten.

Während bei Froissart die zusammengesetzten Zeiten von *aller, devenir* und *entrer* teils mit *avoir*, teils mit *être* gebildet werden (Zschr. f. rom. Philol. p. 337), kommen diese Verben bei Christine ausschliesslich mit dem letzteren Hilfsverb vor.

périr wird mit *avoir* konjugiert z. B. 122, 21 *mains hommes ont péri;* mit *être* als Passiv in der transitiven Bedeutung *faire périr:* 315, 21 *et ceulx qui se meurent furent péris en mer.* V. 3500 *et moult tost seroient péries.* V. 5285 *et de pluseurs autres perilz eschapa sanz estre peris.* 315, 8.

Abweichend vom Neufr. werden mit *être* umschrieben *affaiblir:* V. 626 *et lors estoit moult affaibli mon corps.*

commencer: P. III, 414, 9 *princes or est ma doulour commenciee.*

continuer: 361, 13 *et la bonne amour qu'il a toujours eue vers les gentilz hommes, damoiselles et toutes femmes est continuee.*

e. Konjunctiv.

Im Neufr. steht der Konjunctiv im Nebensatze nach den Verben des Sagens und Denkens nur dann, wenn dieselben verneinend oder fragend gebraucht sind. Im Mfr. war der Konjunctiv nach affirmativen Verben dicendi und declarandi das gewöhnliche und noch im 17. Jahrh. wird er angetroffen (Darmest. § 202; Becker p. 35; Mätzner I, 148; Chassang § 291, II; List Franz. Stud. I, 13; Arch. 35, 276; Lidforss: Observations sur l'usage syntaxique de Ronsard et de ses contemporains Stockholm, 1865, p. 48).

croire: V. 4095 *et cuide que soiez si fole que pour sa loenge frivole un de ses chalans ordenez doiez au monde gouverner.* 263, 11 *et croy que nulz ou pou soyent exceptés;* im Altfr. hatte *cuidier* immer den Konjunctiv nach sich (Bisch. p. 58). V. 3668. 4851. 4. 8. 20, 11.

penser: Fol. 104 *c'est l'amusement des folz hommes qui peuent penser qu'elle le facent pour estre convoitée et desirée par folle amour.* V. 5928 *si avoit pensé en son cuer qu'un jour ne passas ta nul fier que aucune chose ne donnast et quiconques lui demandast jo ne s'en alast escondit.*

dire: 262, 7 *souventefoiz leur dit que bien fait soit si comme folye* . . . .

espérer: V. 3929 *en esperant que du tout m'eussent et qu'à leur gré avec moy geussent.* Fol. 38 *parce que nous esperons qu'en ceste nostre doctrine soit portée le temps advenir en mains royaulmes.*

il s'ensuit: 9, 21 *il sensuit puisqu'il y a tel ordre, que elle soit de la derreniere.* 125, 8 *il s'ensuit que le voir soit démonstratif plus que nul des autres sens.* Fol. 95 *car se bien faire est bien, il s'ensuit que mal faire soit mal.*

Nach *il semble* steht im Neufr. der Konjunctiv, tritt aber ein Personalpronomen im Dativ hinzu, so muss der Indikativ gesetzt werden; bei Christine finden sich beide Modi; der Indikativ 6, 6 *car il luy sembloit que c'estoit présumpcion.* In V. 2455 *il me sembla, brief et court, que ce devoit estre une court ou un lien ou a parlement s'assembloient gent seulement ou les angelz de paradis* ist die Umschreibung des Konjunctivs mit *devoir* wiedergegeben; dagegen der Konjunctiv V. 3239 *ce me semble que toutes consentiez ensemble qu'il soit du monde couronné car ou mond si bon trouvez n'é.* Fol. 77. *quoiqu'il te semble que tu vailles mieulx.* V. 828. 1589. 1698. Fol. 68.

Nach Verben des Beschliessens und Versprechens tritt im Neufr. immer der Indikativ ein; nach altfr. Gebrauch findet sich der Konjunctiv V. 4063 *je conclus que cellui qui a d'avoir plus que homme du monde couronné soit du monde.*

Nach den Verben des Fürchtens war im Altfr. der Konjunctiv Regel, welche indess auch durchbrochen werden konnte (Bischoff p. 23); der Indikativ findet sich nach Verben des Fürchtens sogar noch im 17. Jahrh. (Lafontaine: Hölder p. 368 Nr. 3); aus unseren Texten lässt sich ein Beispiel anführen V. 3174 *car il ne fault doubter qu'on ne pourroit homme dompter.*

Im Altfr. steht meistens in Übereinstimmung mit dem Neufr. nach affirmativen Ausdrücken der Furcht *ne* bei dem Verb des abhängigen Satzes; im Alex. ist die Regel streng durchgeführt, im Rolandsliede findet sich nur eine Ausnahme (Quiehl p. 21), bei Crestien kommen einige Ausnahmefälle vor, auch tritt einmal *ne* nach negativem Verb der Furcht ein (Bischoff p. 30). Beispiele mit ausgelassenem *ne* bei Christine sind: V. 4702 *de paour que lui fust emblee*. Fol. 49 *cherche souvent par sa maison de peur que aucune maisgnie mal songneuse ait laissie chandelle ou moucheron ou autre chose en voye dont dommaige en puisse venir*. 303, 9 *ay si grant paour que aprés toy nous ayons pire*.

Hängt der Nebensatz von einem Superlativ ab, wozu auch *le premier, le seul* gehören, so wird heutzutage das Verb des Relativsatzes in den Konjunctiv gesetzt. In der älteren Sprache war der Indikativ häufiger als jetzt (Stimming Commines p. 212; List. Franz. Stud. p. 14; Becker p. 35). Als Ausnahme führen wir an 323, 1 *et pour ce, vueil je que tu ayes le premier eveschié qui sera vacquant*. V. 1403 *En Arabe vi le Phenis le seul oysel qui est fenis par feu*. V. 4252.

Im Neufr. steht in Konzessivsätzen der Konjunctiv der Irrealität. Im Altfr. ist der Konjunctiv fast immer gesetzt, doch tritt bisweilen auch der Indikativ auf, welcher so noch im 17. Jahrh. vorkommt (Quiehl p. 36; Stimming: Commines p. 213; Vaugelas Rem. 100).

quoique: Fol. 132 *et a nostre propos parlant aux femmes quoiqu'il peult aussi bien aux hommes toucher*.

combienque. V. 3761 *combien que tout ensemble fait bon avoir*. 83, 21 *et combienque avoit ordonné le Roy quatre assietes de quarante paire de mais, toute voyes pour la grévance de l'Empereur qui trop eust sis à table, le Roy oster en fist une assiete*.

non obstant que: V. 3868 *tout non obstant que l'en disoit ja soit ce que*. V. 1886 *ja soit ce que deux paires on n'en voit pas ca jus de terre;* in der Bedeutung von *quelque — que* steht einmal nach *ja* der Indikativ statt das Konjunctivs V. 2110 *aussi tost que l'omme naist ou la femme, ja si grant n'est ceulx yci de sa vie ordenent et sa droite fin lui assenent* ....

Nach *quiconque*, welches im Neufr. den Indikativ nach sich verlangt, steht einmal der Konjunctiv V. 5926 *et quiconques lui demandast ja ne s'en alast escondit* (Beispiele aus dem 16. Jahrh. sind u. a. angeführt von Littré s. v. Hist. XVI° s.).

Der Konjunctiv des Wunsches im Hauptsatze hatte im Altfr. ein grösseres Gebiet als im Neufr. Während das Altfr. ihn im Präsens und Imperfect in allen Personen gebrauchte, gestattet ihn das Neufr. fast nur noch für die 3te Person dieser Zeiten (Quiehl p. 9; Lücking § 307 a. b.). Im Anschluss an das Altfr. findet sich der Konjunctiv V. 818 *moult voulsisse aprendre et savoir de leur estat.* 299, 15 *plus parlasse de ceste matiere, mais comme en mon livre que je intitulay du chemin de longue estude, ayez assez longuement parlé et traictié de l'umilité qui en bon prince doit estre, n'en diray plus à ceste foiz.* V. 1185 *fille n'aies doubte, car bien te conduiray.* 1, 3 *vueilles mon sens amagistrer à plus grant besoing.* V. 8 *cil glorieux de qui vient toute grace vous tiegne en pris et croisse vostre attrace.* V. 11 *que Dieux maintiegne en joie et en santé.* V. 490 *Dieux te vueille tenir en paix d'ame et de conscience.* V. 2184 *mais en Dieu soit nostre fiance.* V. 2396. 2909. 3001. 3014. 3086. 3364. 3444. 3464. 3467. 3711. 6098. 6170. 3, 20. 16, 16. 340, 13. V. 6094 *les parties des raisons qui cy proposees nous ont esté soient pesees par mon conseil.*

f. Participium Perfecti.

Was die Veränderlichkeit des Participiums Perfecti anlangt, so sind die Regeln, welche für das Neufr. gelten, zuerst von Arnaut und Lancelot aufgestellt worden (List. Franz. Stud. p. 20).

Wenngleich schon im 16. Jahrh. das mit *avoir* verbundene Participium Perfecti meist mit dem vorausgehenden Objekte kongruiert, so sind doch im 17. Jahrh. Abweichungen nicht selten (Darmest. § 213; Corn. Godefr, II, 116; Molière Gén. 288; Franz. Stud. I, 20; Neufr. Zschr. IV, 175). In unseren Texten ist meistenteils Übereinstimmung des Participiums Perfecti mit seinem vorangehenden Objekte zu verzeichnen (vergl. Mercier p. 87. 91; Bastin p. 8; Busse p. 25. 31. 36. 41) z. B. V. 66 *qui du tout m'a abatue (me = Christine).* V. 860 *doulce maistresse, conduiserresse de la voie que je tant desiree avoie.* V. 922 *à ceulx qui n'ont ceste aprise.* V. 412.

629. 1047. 1110. 1115. 1162. 1611. 1729. 1790. 1803. 1849.
1905. 1997. 2209. 2408. 2416. 2483. 2510. 2650. 2830.
3201. 3202. 3290. 3336. 3446. 3454. 3612. 3758. 3825.
3889. 4075. 4521. 4593. 4983. 5569. 5608. 5914. 6111.
9, 12. 21, 7. 39, 20. 40, 9. 47, 15. 51, 30. 311, 19. 352, 7
361, 2, 11. 375, 8. 377, 16, 24. 379, 6, 25. 394, 14. 397, 18,
399, 5. 402, 19.

Nichtkongruenz findet sich: V. 808 *celle a les autres surmonté de santé, de goust, de frescheur.* V. 1531 *dont ne les avoie aouré.* V. 3165 *car d'autre chose ert appensee que Noblece n'ot recité.* V. 4586. 5327. 6011, welche Stellen sich durch den Reim erklären lassen; 13, 29 *car il peut bien avenir que ceulx qui les loix ont estably ont esté simples.* 101, 22 *car le corps vouloit honnorer de sa loyal compaigne et espouse de qui tant de beauls enfants avoit eu.* 301, 12 *et comme il eust fait apporter les riches raisseauls d'or et de pierres précieuses que Nabugodonozor son pere, avoit aporté du temple dieu en Jherusalem.* 304, 4 *en retournant à ma matiere que trop ay délaissié, a tant souffice des arrogans orguilleus.* 350, 6 *et avoit la dicte royne assigié en un fort chastel.* 350, 14 *et vivres eust eu assez.* 353, 26 *les quelles dictes terres et sa duchié et conté de Bourgogne, si bien et si sagement en son temps a gouverné que . . . .* 357, 23 *l'esglise des Chartreus que il mesmes a fondee.* 378, 31 *telle est la relacion que trouvé ay.*

Folgt das Objekt dem Participium Perfecti, so ist Nichtkongruenz im 16. Jahrh. bereits Regel geworden, welche im 17. Jahrh. völlig durch drang (Mercier p. 96; Bastin p. 12; Busse p. 16; Rom. Stud. V. 554; Haase Rob. Garn. p. 62). Nichtkongruenz tritt ein in den Beispielen: V. 1860. 3155. 3156. 3225. 3452. 3645. 4514. 4526. 5000. 6091. 6093. 12, 3. 32, 12. 33, 4. 38, 2. 41, 5. 44, 7, 18. 50, 24. 378, 17. 379, 1. 383, 16. 391, 8. 395, 24. 397, 5. 400, 8; dagegen findet Kongruenz statt: V. 3099 *j'ai cerchieé toute la terre.* V. 6176 *les trois dames qui soustenues ont leurs raisons.* V. 6278 *ma dame redoubtee j'ay diligemment escoutée la cause.* 26, 1 *et là avoit establie, en beauls manoirs, la demeure de pluseurs seigneurs.* 41, 2 *un homme estoit à Paris, du temps*

sage roy Charles qui aprise avoit une telle industrie que , . . .
45, 17 *se dieu luy avoit donné la charge de l'office de temporelle seigneurie.* 290, 20 *lequel avoit logié en sa maison et cellui avoit efforcée une fille qu'elle avoit.* 295, 31 *en ceste partie bien avoit retenue la parolle qu'avoit dit Thibere l'empereur à ses conseillers.* 386, 9 *tout aussi vrayement n'ay-je mie faictes toutes les matieres de quoy le Traictié de ma compillacion est composé.*

Das Participium Perfecti reflexiver Verben, die in unseren Texten nur mit dem Hilfsverb être zusammengesetzt sind, wie wohl auch im Altfr. avoir eintreten konnte (Tobler, Vrai aniel p. 29), wurde im Altfr. immer auf das Subjekt bezogen (Bastin p. 29) und steht im Nominativ. Spuren dieses altfr. Gebrauchs lassen sich noch im 16. und 17. Jahrh. nachweisen (Haase Rob. Garn. p. 63; Nfr. Zschr. IV, 177); Beispiele aus unseren Texten sind: V. 38. 171. 635. 639. 1034. 1109. 1247. 1612. 262, 25. 269, 14. 271, 1. 276, 3. 294, 4. 298, 16. 361, 14 etc.; die so behandelt sind, wie es das Neufr. verlangt.

g. Participium präsentis.

Das Participium präsentis kann ein Verbaladjektiv sein und stimmt mit seinem Beziehungsworte in Geschlecht und Zahl überein oder ein Particip des Präsens im eigentlichen Sinne, welches alsdann unveränderlich ist. Im Altfranz. richtet sich das Participium präsentis nach seinem Beziehungsworte; erst im 17. Jahrh. wurde die Unveränderlichkeit des Pc. prs. als Gerundium von den Grammatikern Arnauld und Lancelot zum ersten Male aufgestellt (Gram. générale de Port. Royal 1660); indessen finden sich Beispiele des altfr. Gebrauchs vereinzelt auch noch im 18. Jahrh. (Godefr. II. p. 115. 116; Franz. Stud. I, 18; B. Schmitz I Supplement der Encycl. d. phil. Stud. d. n. Spr. p. 42). Das Plural *s* erscheint in unseren Texten sehr oft so 261, 20 *comme sont les adouleurs ou flateurs portans venim angoisseux* . . . . 107, 3 *lui fussent envoyez certains messages comme l'evesque de Fama goste et autres religieux maistres en théologie, avecques lettres closes et ouvertes de par le colliege des cardinaulx, saelées de leur seaulx affermans et certifians le dit Barthelemy non estre Pape.* V. 234. 1007. 1008. 2834. 2839 112, 9. 249, 4. 264, 7. 268, 13. 285, 17. 304, 15. 307, 28. 327, 18. 334, 25. 341, 20. 363, 3. 396, 1. 401, 10. 402, 2. 403, 11. etc.

Die weibliche Form tritt niemals auf, ebenso nicht bei Commines und Voiture, selten bei Marot und den Dichtern der Plejade (Becker p. 39. 40; Franz. Stud. I, 18).

Die Participien *ayant* und *étant* können im Neufr. nicht Verbaladjektiv sein und sind darum unveränderlich; im Altfr. können sie dagegen mit dem Beziehungsworte kongruieren. In unseren Texten lässt sich nur *estans* nachweisen und zwar an 3 Stellen 395, 7 *car, maulgré eulx, et estans en France, fu conquis par nos genz ce qu' il s'ensuit . . . .* 58, 9 *entra les autres choses distrent devant le Roy et son conseil que, une foiz, eus estans en la présence du dit Roy d'Angleterre, eschut à parler du roy de France.* 109, 19 *et eulx estans en Avignon le firent savoir aux autres six . . . .* immer in Beziehung auf ein Masculinum.

h. Infinitiv.

Der Akkusativ mit dem Infinitiv, der im 16. Jahrh. von den Schriftstellern allgemein im Gebrauch ist, dagegen im 17. Jahrh. an Ausdehnung verliert (Diez III, 149; Chassang § 322; Rom. Stud. V, 511), findet sich nach Verben des Wollens, der Wahrnehmung, des Denkens und Sagens und unpersönlichen Ausdrücken an folgenden Stellen 271, 4 *lesquelz encore regrettoyent les folies de leurs jueneces et estre en tel aage.* 63, 27 *les messages que le Roy mandoit par luy à yceulx estrangiers, les aler veoir et visiter en leur logis, leur dire de gracieux et beaulx mots . . . .* 250, 1 *sur quoy povons noter estre les plus suppellatifz biens les celestielles choses comme perpétuelles.* 344, 25; 271, 11 *je les présumoye, non obstant leurs vieulx jours, estre nus et ignorans des jugemens de bien cognoistre et par conséquent, non sages.* 255, 18; 286, 2 *l'assiete de table en sale, le triumphe et haultece qui y estoit tant notable que ne cuid pareil estre aujourdhui au monde.* 394. 21. 116, 20. 131, 21; 260, 30 *et tout ainssi comme le malade de goutte qui souvent juge l'amer estre doulz ou aigre* . . . . *115, 16 et savoit ces choses estre vrayes.* 136, 2; 377, 19 *je aye dit, yceulx nos princes estre bons.* 380, 2. 126, 22, 30. 107, 3 *affermans et certifians le dit Barthelemy non estre Pape* 387, 4; 181, 1 *affermans par leurs dis, Dieu et les divines choses estre envieuses.* 329, 21 *dont, pour ce qu'il, comme bien avisiez, considerast chose estre impossible à l'entendement et mémoire d'un tout seul homme* . . . . 381, 17. 396, 1; 346, 25 *je puis conclure celluy estre digne d'avoir le nom et tiltre de parfaicte chevalerie.* 259, 7 *comme il soit voir, nature humaine, pour cause de sensualité, estre encline à plusieurs vices tous tendens au délit et aise du corps* . . . . 376, 24 *et n'est point de doubte, France estre continuée en bon convalescence et prospérité* . . . . 266, 16 *si avient, aulcune foiz par accident de froidure ou gellée, ycelluy vin nouvel cueilly estre vert, cru et mal prouffitable.* 131, 29 *il convient toute envie de luy estre eslongiée.* 321, 2; 273, 22 *comme il soit de bonne coustume ancienne et comme redevable, les roys estre conseilliez par les prélas du rogaume.* 119, 22 *comme il appert. Dieu estre fin de tout.*

Bisweilen findet sich der Infinitiv ohne Präposition im Komparativsatze nach *que*, wo das Neufr. die Präposition *de* mit dem Infinitiv setzt; dieser Gebrauch erscheint noch im 17. Jahrh. (Nfr. Zschr. IV, 166; Godefr. I, 79; Gén 101); die moderne Regel wurde von Th. Corneille aufgestellt (Vaugel. Rem. 520). 311, 26 *ama mieulx s'aler mettre en leurs mains et laissier ses amis que fraindre sa foy, vérité et loyaulté.* 323, 22. 59, 4 *elle luy manda, qu'elle le feroit filer avecques les femmes et que mieulx lui aduisoit que porter armes.* 322, 1 *le quel loyal et bon chevalier plutost eust esleu la mort en sa personne que consentir fellonie.* 322, 30 *tu qui as plus doubté offenser Dieu que encourir mon ire, es digne que ta constance te soit cause de mérite.*

Der Infinitiv ohne Präposition tritt auf als Subjekt unpersönlicher Verba bei *il appartient:* so 382, 17 *hardy* comme léon est tout tel qu'à preux et vaillant chevalier appartient estre. 295, 5. 347, 10. 348, 11. 298, 3; immer nach *il convient:* V. 920 *si te convient l'autre ensuivir.* V. 930 *si convient estre diligent à qui veult suivre ce chemin.* V. 2047 *mais obeir il me convint a celle qui o moy la vint.* V. 360. 1306. 1565. 2027. Fol. XXII. *il plaît:* wo der Sprachgebrauch im 17. Jahrh. noch nicht fixiert war V. 29 *aincois vous plaise accepter le desir.* V. 59 *si vous plaise l'oir et escouter.* *il semble:* V. 1215 *car ce bien semble estre edifice fait de puissant gent, non pas nice. il soufist:* 401, 1 *il souffit faire fossez larges neuf piez et perfons de sept piez. il estuet* steht im Altfr. gewöhnlich ohne Präposition, bisweilen mit *à* (Franz. Stud. I, 402 Soltmann: Der Infinitiv mit d. Präp. *à* im Altfr.; Tobler Verm. Beitr. p. 73): V. 699 *mais lever m'estuet prestement.* V. 2045 *ainssi de la m'estut partir.* nach *il est* mit prädikativem Adjektiv: z. B. Fol. 35 *mais se la personne n'en avoit nulle eslevation en son cueur, mieulx seroit la donner publicquement qu'en secret.* 400, 7 *pour ce, est necessaire savoir ce qui est convenable à faire.* 341, 18. 397, 21. 1701. Das Altfr. hat in diesem Falle nie die Präposition *de* mit dem Infinitiv, sondern *à* (Lachmund p. 21). Der moderne Sprachgebrauch zeigt sich erst im Mfr.

Von Verben, welche den reinen Infinitiv nach sich haben, erwähnen wir *doubter:* V. 1704 *et ja senti si grant chalour que doubtay mourir a doulour.* 322, 29. Im Altfr. sind die Verben des Fürchtens gewöhnlich mit dem Infinitiv ohne Präposition verbunden, daneben findet sich auch die Präposition *à* (Lachmund p. 7), selten *de* (Franz. Stud. I, 390).

Die Verba des Befehlens und Versprechens haben im Altfr. meist den reinen Infinitiv nach sich (Lachm. p. 9): 310, 14 *promettre le Roy, de sa débonnaireté, le délivra, parce qu'il promist estre bon Françoiz. enjoindre:* 35, 23 *au chancelier ala dire que le Roy lui avoit enjoint aler en Languedoc hastivement porter lettres de par luy au duc d'Anjou.*

commander 57, 8 *parquoy le Roy manda celluy et moult*

la reprist, blasma et commenda tantòst pager l'autre de ses cent franc.

Ausserdem steht der reine Infinitiv nach

accoutumer: 70, 20 *ont accoustumé estre sus chevauls blancs.*

condamner: 105, 3 *le quel parlement les condampna estre tragnez du pallaiz jusques és halles.*

conseiller: V. 3439 *cellui seul vous conseil eslire.*

empêcher: 80, 5 *mais en tous diz continuant la rigle, ordonnée du sage roy, tel ordonnance yavoit que nulle presse n'empêchoit servir aux tables.*

Abweichend vom heutigen Gebrauch steht der Infinitiv mit der Präposition *à* nach den Verben:

conseiller (Soltm.: Franz. Stud. I, 398). V. 3379 *cellui seul conseil a eslire.*

desirer: V. 885 *car moult desiray a savoir.* 45, 1 *le Roy qui toutes soubtilles choses desiroit à veoir.* 94, 4.

empêcher: 284, 21 *affinque oubliance ne m'empêche à narrer.*

accoustumer: (Soltm. Fr. Stud. I, 405) 384, 13 *comme charpentiers qui ont accoustumé à ferir de bras et tenir coigniée, mareschauls et aussi bouchiers qui ont accoustumé de sang espandre.*

refuser: 35, 8 *quant vint au scel, le chancelier qui en vid deux d'une mesme date, les refusa à sceller.*

promettre: 55, 14 *et l'autre lui promist à aprendre;* dagegen 310, 20 *et promis de l'en laissier aller quictement;* im Altfr. findet sich nach Verben des Versprechens neben *à* und dem Infinitiv auch der reine Infinitiv (Lachm. p. 9. 14).

sembler: 41, 5 *qui sembleroit à dire qui veu ne l'aroit, chose impossible.* V. 837.

faillir: 41, 18 *le Roy cyst dire que cil, en volant, avoit failli à prendre la corde.*

Dem heutigen Sprachgebrauch entgegen haben den Infinitiv mit *de* nach sich die Verben:

consentir: (was noch im 16. Jahrh. der Fall ist) 402, 29 *se consenti à traictié de paix, la quelle fu pourparlée entre les deux rois et consentoit nostre Roy, plein de douleur, de laissier paisiblement au roy d'Angleterre les terres.*

desirer: V. 6310 *y alant, desirant d'oir ce qu'on me vouloit demander.*

enhorter: Fol. 32 *et les enhortera de dire doulces parolles.*

VII. Praepositionen.

Nach einem Komparativ findet sich das altfr. *de* statt *que*, was noch im 16. Jahrh. vorkommt (Darmest. § 226, 4°), z. B. V. 520 *tout ce qui avenir devoit autre de moy ne le savoit.* Fol. 17 *et toutefois tu sces bien que tu as plus largement que n'ont assez d'autres qui sont meilleurs de toy.* Fol. 31 *et doibt estre icelle assez aagée, afin qu'elle soit plus sage en meurs et plus prisée et doubtée, mesmes de l'enfant qu'elle gouvernera.*

In Übereinstimmung mit dem Neufr. steht die Präposition *de* nach passiven Verben, welche eine geistige Thätigkeit bezeichnen; z. B. V. 2709 *fu meue de grant pitié.* 144, 25 *le quel trespassement fu plaint et pleuré merveilleusement de ses freres, parens et amis et de ses serviteurs moult regraictez et de tous autres sages et preudes homs;* dagegen vertritt *de* oft die Stelle von *par* nach passiven Verben, welche äussere Thätigkeiten ausdrücken; dieses altfr. *de* wurde zwar durch *par* allmählig verdrängt, hat sich aber neben diesem bis ins 17. Jahrh. hinein erhalten (Nfr. Zschr. IV, 118); so V. 3630 *et toute l'isle fu pourprise des Troiens.* V. 4804 *qui refusa l'or et l'argent qui lui fu offert de grant gent.* 42, 22 *et ainssi là mourru et des bestes dévourez.*

devant kann sowohhl vom Orte als auch von der Zeit gebraucht werden; im Sinne von *avant* finden wir es wie in der älteren Sprache und zum Teil noch im 17. Jahrhundert (Darmest. § 230; Diez III, 183; Franz. Stud. I, 25; Arch. 35, 245). 94, 11 *le jeudi devant la départie de l'Empereur.* 405, 22 *dont, quant ilz arrivoyent en une marche, devant leur venue, se partoyent les Anglois des fortresses.*

en tritt auf vor bestimmten und unbestimmten Artikel, dem Possessiv- und Demonstrativpronomen (Nfr. Zschr. IV, 124). Die im Altfr. gebräuchliche kontrahirte Form *és* wird wie noch im 16. Jahrh. häufig betroffen. 250, 27. 256, 12. 259, 27. 260, 10, 27. 261, 15. 262, 4, 6, 14, 19. 266, 26, 27. 269, 11, 16. 273, 1. 275, 4 etc.

en steht vielfach für *à*, so bei Städtenamen; dieses *en* vor Städtenamen ist altfr. und dieser Gebrauch hat sich bis ins 17. Jahrh. hinein erhalten, namentlich vor biblischen Namen (Godefr. I, 246 f.; Gén. 152; Neufr. Zschr. IV, 124 f.); in unsern Texten nur V. 1279 *en Jherusalem meisment.* V. 3222 *soit en Grece, soit en Athenes.* 36, 6 *et moult lui recommanda sa besoigne en Avignon.* 359, 6.

envers hat wie im Altfr. und noch im 17. Jahrh. bisweilen die Bedeutung von *auprès de* (Mätzner Synt. I, 270). V. 2499 *ne que sont petites chandoiles envers la clarté du soleil.*

parmi kann heute nur noch vor einem Worte im Plural stehen. In seiner ursprünglichen Bedeutung = *au milieu de* oder *dans* finden wir es wie noch im 16. und 17. Jahrh. (Nfr. Zschr. IV, 128; Mätzner Syntax I, 283 f.; Godefr. II, 108 f.): V. 599 *sanz autre conduit ne moien parmi enfer le convoyai.* V. 1145 *quant Virgille y fu encontrez qui le mena parmi enfer.* 282, 25 *où à grant joye du peuple estoit receus ou chevauchoit parmi Paris.*

par hat im Altfr. bei weitem grösseren Umfang als in der heutigen Sprache. Es dient öfters zur Bezeichnung der Zeitdauer gleich dem lat. *per* oder dem neufr. *pendant* (so noch im 17. Jahrh. (cf. Neufr. Zschr. IV, 127): 285, 5 *par diverses heures du jour abis rechangez plusieurs foiz, selons les coustumes royales et pontificaulz.* 295, 15. 370, 23; dann steht *par* zuweilen für *pour* V. 169 *a par moy plaindre.* V. 172. 3843. 5359; auch kann es einen Infinitiv nach sich stehen haben (Darmest. § 237), so 275, 18 *et par estre menez et gouvernez en tous ses fais.* 276, 14 *et par ceste prudent mesure trouver, est à présumer qu'encore n'estoyent orloges communs.* 279, 8 *par luy acroistre son estat, il la fist abesse.* 319, 10. 366, 20. 378, 3.

sur wird durch das jetzt nur noch als Adverb vorkommende *sus* beschränkt (Darmest. § 241). V. 200 *veoir s'en fusse delivre en musant sus quelque livre.* V. 332 *non pas* seulement *sus la terre.* V. 795. *sus le sommet d'une montaigne.* V. 1044 *tous marchierent par sus ces trofes.* 282, 4. 317, 16. 331, 16. 356, 1. 368, 11. etc.

vers ist wie im Altfr. und noch im 17. Jahrh. an 2 Stellen im Sinne von *auprès de* gebraucht (Mätzner Synt. I, 270).: V. 2530 *tout autre vers la sienne est pale.* V. 3850 *et bien cuident par raconter choses dont on tient petit compte vers Richece qui tout surmonte.*

hors im Sinne von *hors de* wird erst von Bouhours bebemängelt; es kam in der ganzen älteren Sprache neben *hors de* vor (Nfr. Zschr. IV, 123; Stimming Commines p. 205), so 25, 28 *hors Paris, le chastel de Vincenes, qui moult est notable et bel, avoit entencion de faire ville fermée.* 304, 9 *là où ycelle seroit chose et hors usage.*

au regart de = *à l'égard de* war in der älteren Sprache nicht selten, ist aber heutigen Tages nicht mehr gebräuchlich (Littré Hist. XV.); es findet sich nur 246, 3 *moy Christine de Pizan, de femme soubz les tenebres d'ignorance au regart de cler entendement.*

à faute de wurde erst in der 2ten Hälfte des 17. Jahrh. durch *faute de* verdrängt (Nfr. Zschr. IV, 123); in unseren Texten findet sich *au faute de* 328, 7 *au faute de promesse* und *par faute de* 350, 18 *mais principaulment par faulte de trouver loyaulté.*

VIII. Die Konjunctionen.

Veraltete Konjunctionen:

pource que erhielt sich bis ins 17. Jahrh. hinein; es kommt in doppelter Bedeutung vor; im Sinne von *afin que* regiert es den Konjunctiv, im Sinne von *parce que* den Indikativ (Nfr. Zschr. IV, 185). 309, 1 *maintes gens veulent vivre pour ce qu'ilz puissent mengier, mais je vueil mengier pour ce que je puisse vivre.* 80, 23 *fist le Roy garder les portes par chevaliers et escuyers, pour ce que plus fussent craint.* V. 484 *mais que ce ne fust el doubtay pour ce que je vi et notay qu'elle n'ot couronne en sa teste.* V. 165. 2803. 3699. 309, 10. 309, 21.

mais que war im Altfr. sehr gebräuchlich; in der Bedeutung von *pourvu que* hat es den Konjunctiv nach sich; so V. 2144 *mais qu'il n'en deust desplaire a Dieu*. V. 2910 *et mais qu'il vous plaise*. 248, 13 *mais que de luy fusse informée;* in der Bedeutung von *si non que* den Indikativ: V. 4163 *mais que les nobles sont contrains.*

jaçoit que erscheint noch allgemein im 16. Jahrh. und vereinzelt auch im 17. Jahrh. (Darmest. § 282; Arch. 61, 295; Zschr. für rom. Philol. VI, 276; Haase Rob. Garn. p. 91) V. 1886 *la vi je les deux emisperes du ciel, ja soit ce que deux paires on n'en voit par ca jus de terre*. 15, 6. 112, 10, 19.

combien que in konzessiver Bedeutung kommt noch im 17. Jahrh. vor (Darmest. §. 275; Burguy II, 378). V. 5023 *combien que le latin tout emple entendist*. V. 129. 141. 142. 299. 522. 913. 1674. 2222. 3761. 83, 21.

ains que ist im Altfr. und noch im 16. Jahrh. ganz gebräuchlich (Darmest. § 270; Zschr. f. rom. Phil. VI, 262). V. 3207 *ains qu'il partist de la bataille*. V. 382. 494. 502. 1440. 1614. 2852. 3362.

IX. Die Negation.

Im Altfr. genügte als Negation das einfache *ne* ohne *mie, pas* oder *point*, ebenso noch im 16. Jahrh. (Diez III, 436; Perle: Zschr. f. rom. Phil. II, 5; Lücking, Zur Geschichte der Negation in der fr. Sprache, Wiesbaden Progr. 1861 p. 2), während es heute nur allein auftritt bei den Verben *avoir, garde, cesser, importer, oser, pouvoir* und *savoir;* im 17. Jahrh. war *ne-pas* bereits Regel geworden (Nfr. Zschr IV, 181; Mätzner Gr. 447 ff.). Beispiele mit fehlendem Complement der Negation sind mehrfach auf jeder Seite anzutreffen; es mögen nur angeführt werden V. 13 *tout ne soit il digne qu'en telz mains aille.* V. 51 *mains ne vueilliez desprisier l'arbitrage.* V. 73 *que de moy il n'avoit per en ce monde.* V. 26. 55. 63. 78. 81. 93. 104. 123. 143. 169. 259. 262. 300. 330. 362. 428. 485. 520. 714 etc.

Die Negation mit Füllwort findet sich z. B. in V. 122. 131. *si n'est pas chose nouvelle*. V. 194 *tousdis n'est pas avan-*

tage. V. 248 *n'est mie beneurté.* V. 222. 238. 250. V. 378 *mais je ne say pas* V. 423. 452. 464. 476. 643. 678. 1370. 1400. 6351. 254, 1. 256, 13. 259, 10. 260, 1 etc.

Ebenso konnte im Altfr. und noch im 16. Jahrh., vereinzelt auch im 17. Jahrh., *ne* fehlen und die Negation durch die Füllwörter *pas, mie, goutte, point* ausgedrückt werden (Darmest. § 297; Lüdeking p. 2; Diez III. 437; Vaugel. II, 85; Franz. Stud. I, 33). Diese Erscheinung zeigt sich noch im Neufr.; ganz allgemein in der Umgangssprache, dann aber auch in der wissenschaftlichen Ausdrucksweise im Fragesatze (Darmest. § 297). In unseren Texten findet sich dieser Ausdruck nur nach *sanz* V. 1455 *et sanz que mon corps fust point las* und im Fragesatze V. 4076 *les avez vous point escoutees?* V. 5352 *et qu'as tu fait ce jour, es tu point plus parfait que yer?* V. 5356 *as tu point par exemples meurs autrui appellé?*

Nach affirmativen Ausdrücken der Furcht konnte bis in das 17. Jahrh. *ne* im Nebensatz fehlen (Nfr. Zschr. IV, 181; Perle II, 11; Mätzner Synt. I, 393; List p. 33). So in unsern Texten V. 4713 *de paour que luy fust emblee.* 303, 9 *ai si grant paour que aprés toy nous ayons pire.* Fol. 49 *de peur que aucune maisgnie mal sogneuse ait laissie chandelle ou moucheron ou autre chose en voye dont dommaige en puisse venir.*

Vita.

Natus sum Ernestus Mueller die X. mens. Apr. a. h. s. VII. in urbe Graefenthal, patre Josepho, quem mortuum lugeo matre Sophia e gente Schaeferlein, qua adhuc superstite laetor. Fidei addictus sum evangelicae. Postquam per octo annos scholam urbis patriae frequentavi, anno 1872 scholam, quam dicunt realem, Saalfeldensem adii, ubi usque ad annum 1878 versatus sum. Quo anno maturitatis testimonium adeptus, Aprili mense Jenam transmigravi, deinde auctumno Lipsiam, ubi per quatuor semestria linguis recentibus incubui. Auctumno a. h. s. LXXX Lutetiam Parisiorum me contuli; ibi per unum semestre interfui scholis vv. dd. G. Paris, P. Meyer, Darmesteter. Jenam reversus, sex menses seminarii theodisci sodalis fui. Docuerunt me viri doctissimi atque illustrissimi Eucken, Sievers, Falckenberg, Strassburger, Schäffer, Kolbe, Wiedemann, Hermann, Hoffmann, Ebert, Wuelcker, Trautmann, Birch-Hirschfeld, Biedermann et Masius, quibus omnibus optime de me meritis summam semper gratiam habebo.

Ab anno 1882 usque ad annum 1886 magistri munere in oppidis Saalfeldo, Rosslebia et Kellinghuso functus sum. Nunc scholis unitis urbis Schivelbeini praesum.

Thesen.

I.

Alain Chartiers Lebenszeit währte nicht, wie Demogeot annimmt, von 1386—1458, sondern nach M. Pezet von 1386—1449.

II.

In dem von Riese („Recherches sur l'usage syntaxique de Froissart" p. 31) aufgeführten Beispiele: *et avoient li Juis sorti bien cent ans en devant* hat *sortir* nicht intransitive, sondern transitive Bedeutung.

III.

dîner und *souper* sind in den gleichfalls bei Riese auf S. 21 citierten Beispielen: *si donna li dis rois à disner ens ou chastiel les contes, les barons et les chevaliers qui là estoient* und *et en alerent li aucun devers le prince qui devoit donner à souper le roy de France* nicht transitive Verba; *les barons* und *le roy* sind nur scheinbare Akkusative.

IV.

Als Geburtsjahr Chaucers ist nicht die überlieferte Jahreszahl 1328, sondern nach Morris 1340 anzusetzen.